The Restricted Area

# 一般人は入れない
# 立入禁止地帯

歴史ミステリー研究会編



彩図社

# まえがき

「立入禁止」「KEEP OUT」――。

日本はもとより、世界の各地にはこうした警告の看板があちこちに立てられている。これらの場所では、さまざまな理由によって人々が足を踏み入れることが禁じられているのだ。

ところが、行ってはいけないと言われれば言われるほど、かえって気になってしまうのが人間というものだ。そこで、読者に代わって世界に数多く存在する立入禁止地帯の核心に迫ったのがこの本である。


これらの立入禁止地帯が生まれたのには、さまざまな理由がある。

10メートルを超える謎の結晶が立ち並ぶ地下洞窟や、異教徒は入れない都市、1000年以上も女人禁制だった山、そして漂う有毒ガスによって死亡事故さえも起きてしまった温泉地は、強大な自然の力が人々を遠ざけてきた場所と言える。

また、人間の恐ろしい思惑によって生まれた立入禁止エリアもある。犯罪発生率世界一と恐れられているブラジルのスラム街や、南アフリカに実在した白人以外は入ることを許されないビーチ、そして陸の孤島と化しているイスラエルのガザ地区では、ロケット弾が飛び交い、破壊が続いている。

さらに、パワースポットとして知られる伊勢神宮や高野山の奥には、古来より聖域ゆえに立ち入りが禁じられてきた場所が存在する。

歴史的快挙を成し遂げて宇宙から帰還したはやぶさのカプセルは、何の因果かオーストラリアで聖域として崇められているエリアに着陸した。

本書を読み進めていくと、意外な場所が、意外な理由で立ち入れなくなったことに驚かされることだろう。

あなたがよく知っている場所にも、じつは立入禁止地帯は存在しているかもしれない。

２０１７年９月

歴史ミステリー研究会

## 1章　現役の立入禁止エリア

# 2章　事実上の立入禁止地帯

## 3章　昔は入れなかった場所

## 4章 選ばれた人だけの場所

# 5章　身近にある封鎖エリア

# 1章　現役の立入禁止エリア

# 巨大結晶が立ち並ぶ地下洞窟

## ■10メートル以上の結晶が林立する洞窟

〝結晶〟と聞くと、手のひらに乗るくらいの大きさの、キラキラと輝く美しい破片を思い浮かべる人がほとんどだろう。

しかし、ある場所には、長さ10メートルを超える巨大な結晶がまるで巨木の森のように林立している。あたかも地球ではない遠い星に来たかのような光景だ。

その場所とは、「クエバ・デ・ロス・クリスタレス（結晶の洞窟）」のことだ。

その不思議な洞窟は、メキシコ北部のチワワという街から車で1時間ほど南に下ったあたりにあるナイカ鉱山の地下300メートルで、2000年に発見された。

そこには全長30メートルの洞窟の中に約170本もの巨大結晶が並んでおり、最大のものは長さ11・4メートルにも達する。

地下の結晶群（写真 :Science Photo Library/ アフロ）

この結晶が発見されたのはまったくの偶然だった。

ナイカ鉱山は銀や鉛が豊富に採れる山で、1985年、地下の坑道から地下水を汲み上げる作業を始めた。

すると作業を始めてから15年後、巨大な結晶群が現れたのだ。

## ■火山活動が生み出した結晶

なぜこのような結晶群ができあがったのだろうか。

きっかけは約2500万年前にまでさかのぼると考えられている。火山活動によって地下マグマが上昇し、石灰岩の隙間に鉱物を豊富に含んだ鉱水が流れ込んだ。それが溜まって、結晶の元になったのだ。

地下1・5キロメートルにはマグマがあるために地下温度はかなり高かった。ところが、時代が経つにつれて温度が少しずつ下がっていった。

100~150万年前に洞窟ができると、今度は硫酸カルシウムの一種である無水石膏が洞窟内部に溶け出した。

そして約60万年前、洞窟が約58度まで冷えると〝セレナイト結晶〟が生成され始めたのである。それが長い時間をかけて巨大結晶に成長していったのだ。

本来ならば、人間の目に触れることなく地下でさらに大きく成長したはずだ。それが水抜き工事によって外気に触れることになり、結晶の成長は止まった。

そして、その圧倒的な姿を人間の前に現すことになったのである。

## ■20分しか活動できない極限世界

現在、この洞窟は鉱山を所有している企業によって閉鎖されているので、人が立ち入ることはできない。

立入禁止の目的は、盗掘の防止と、洞窟内の環境を守るためである。

セレナイト結晶は「透石膏」という別名を持つ、無色透明の美しい結晶体だ。コレクター商品としても人気があるため、ここの巨大結晶は、コレクターや売人にとっては大いに魅力的なものだろう。

また、以前は水中にあったものが外気に触れるようになったので、結晶がそれ自体の重みで崩壊したり、空気中の二酸化炭素のために光沢や透明性が失われてしまうのを避けなければならない。

そのため、洞窟の入り口には中の環境を守る頑丈な鉄の扉が造られ、研究者や調査隊がまれに入坑する場合を除いて、立ち入りはめったに許可されなくなっているのだ。

しかし、もし立ち入りが許可されたとしても、

洞窟への入り口（©phiguera and licensed for reuse under Creative Commons Licence）

結晶を見ることができるのはごく限られた者だけだろう。

なぜなら、鉄の扉の向こうは気温44度、湿度ほぼ100パーセントの極限世界で、とても普通の人間が長時間活動できるような環境ではないからだ。

調査隊が入坑する場合も、保冷剤を仕込んだ特殊な服で完全装備しなければならない。それでも中で活動できる時間はせいぜい20分以内という過酷さだ。

これではあえて立入禁止にしなくても、天然の結界に守られているようなものである。だからこそ、地球が隠し持つ天然の宝石箱とも言える、すばらしい空間が保たれているのだ。

# UFOが飛び交う？ エリア51

## ■危険すぎて接近さえできない場所

もしも近づけば、すぐに衛兵に見つかって注意され、場合によっては逮捕・処罰される。あまりにも不審な行動をとれば警告もなしに発砲されることもある。

立ち入りどころか、接近することさえも難しい場所、それがエリア51だ。

場所はアメリカ、ネバダ州のラスベガスから北西に約２００キロメートルである。ふたつの山脈の間にアルカリ性塩湖と乾燥湖があるのだが、そのすぐそばに約１５５平方キロメートルの米軍施設が広がっているのだ。

アメリカに限らずどこの国でも、極秘事項を抱える軍の施設が立入禁止なのは当たり前だ。しかしこのエリア51は、ほかのどこにもないある噂によって特別な場所になっている。

じつは、ここは古くから「宇宙人やＵＦＯを研究する秘密の施設ではないか」とささやかれているのだ。

周辺でＵＦＯが頻繁に目撃されているためにそんな噂が生まれたと言われるのだが、なかには墜落したＵＦＯが保管されているとか、宇宙人の死体が収容・研究されているという話まである。

特に、「ロズウェル事件」と関係があるのではないかという説は根強い。

## ■ＵＦＯが落ちた？　ロズウェル事件

ロズウェル事件とは、１９４７年7月に、ニューメキシコ州ロズウェル付近で、ある物体が回収されたという出来事である。

この物体が「異星人の乗り物だったのではないか」という噂は当時からあった。しかし１９７８年になって、その回収作業を行った関係者が「軍はＵＦＯの残骸を極秘に収容した」と証言したことから、がぜん注目を浴びるようになった。

そして、そのＵＦＯの残骸と、それに乗っていた宇宙人の遺体が運び込まれ、研究されている場所がエリア51というわけなのだ。

あまりにSF的な話なので単なる噂と片づけてもよさそうなのだが、しかし、米中央情報局（CIA）はこのほど、その存在を認めたのである。

公文書の請求によって、ほとんど検閲のない書類が公開されたのだ。

エリア51近辺には「禁止区域」「制限区域」などの看板が立っている。（写真提供:ネバダ観光サービス）

「エリア51」というのもけっして正式な名称ではない。ネバダ州内にある軍事目的に使用されるテスト場を記した地図の中で、この該当地区がたまたま「51」だったことからそう呼ばれるようになったに過ぎない。

この神秘的な呼び方が、この場所をますます謎めいたものにし、多くの奇妙な噂や憶測を生み出してきたのである。

## ■ＵＦＯの正体はステルス戦闘機か

それにしても、単に噂話があるだけではこの地域が接近さえ難しい理由にはならない。ではなぜ、これほどまでに厳重な立入禁止地区になっているのか。

それは、ここが次世代新型航空機を開発している重要なアメリカ空軍基地だからである。

エリア51ではこれまでにU―2、SR―71といった偵察機や、「見えない戦闘機」として知られるステルス機の研究開発が行われてきた。

実際、それらの飛行実験などを行うための滑走路も何本か存在することが航空写真などでわかっている。ＵＦＯの目撃が多いのも、そういった新型機の試験飛行を見間違えているのではないかと言われている。

また、宇宙人研究施設説は、アメリカ軍が重要な軍事機密を隠すために、意図的に流したデマだという話もある。

正面から見たSR-71 ブラックバード。このような偵察機やステルス機がUFOと見間違えられるのではないかと言われている。

この軍事施設での研究に関係している科学者や開発者たちは、今すぐに実用化できるようなものは何もなく、あくまでも「研究のための施設」であることを強調している。

しかし、ここでステルス機の試験飛行が行われていたことは事実だ。

言うまでもなくステルス機は実用化されているので、今現在ここで開発されているものが、今後実戦に投入される可能性も否定できない。

近年は「エリア51ツアー」と称して、観光客が近くまで行くこともあるという。しかし、基地の中まで見ることができるわけではない。謎は謎のままになっているのだ。

# 世界一危険な38度線のゴルフ場

## ■半島を二分する場所にある

世界でもっとも危険なゴルフ場はいったいどこにあるかご存じだろうか。

大海原をのぞむ断崖絶壁や、火山の噴火口近くの溶岩コースを思い浮かべる人がいるかもしれない。たしかにそんなゴルフ場があれば危険である。

しかし、それ以上に恐ろしいゴルフ場が存在する。そこでプレイするには、よほどの勇気が必要だ。

その場所は朝鮮半島にある。

北朝鮮と韓国を隔てるのは38度線だが、まさにその38度線にコースが作られているゴルフ場があるのだ。

「38度線のゴルフ場」と呼ばれる金剛山ゴルフ場（写真提供:AFP＝時事）

## ■戦争が残した境界線

そもそも38度線とは、朝鮮半島を横切る北緯38度線をさしている。

朝鮮半島のど真ん中に、どうしてこのような境界線が引かれることになったのだろうか。

第2次世界大戦末期の1945年8月9日、大日本帝国に宣戦布告したソ連は満州および朝鮮半島北部に軍を進めた。

このままではソ連が朝鮮半島を占領してしまうと危惧したアメリカは、ソ連に対して半島の分割占領を提案したのだが、その際アメリカとソ連の分割占領ラインとして定められたのが38度線である。

それ以来、ここは北朝鮮と韓国が接する緊迫した場所となり、南北朝鮮が常ににらみ合っているのだ。

そんな場所にゴルフ場を造っても、いったい誰がのんびりプレイをするのだろうかといぶかる人も多いだろう。

そもそも、その場所には韓国の人々は近づくことさえ許されていない。行くことができるのは外国人観光客だけなのだ。

## ■訪れるには「宣誓書」へのサインが必要

ゴルフ場があるのは、正確には38度線そのものではない。そこからさらに5キロ南にある休戦ライン、いわゆる板門店である。観光客はソウル市内からバスで3時間以上もかかる板門店まで行くことになるのだ。

米軍と韓国軍が共同で警備している板門店では、観光客は厳しいチェックを受けたあと「宣誓書」にサインをさせられる。

「ここで少しでもおかしな動きをすれば北朝鮮から狙撃をされて命を落とすこともあ

る」ということを承知する旨の誓約書である。

こんなものにサインしなければならないことが、すでに常識を越えているといっていいだろう。

非武装地帯の韓国側チェックポイント（©Johannes Barre, iGEL and licensed for reuse under Creative Commons Licence）

## ■軍事境界線の隣にある謎のコース

板門店では、観光客は限られた場所なら見学することができる。お金を払えば食事をすることもできる。

さんざん脅されたわりには平穏な空気が漂っており、南北の緊張感とは違ってあたりにはのどかな自然風景が広がっているのだ。

しかし、それはあくまでも「おかしな動きをしない」ことが大前提である。もし何かあやしい動きをすれば、どこからか銃弾が飛んでくるのだ。

そんな緊張感の中で周囲の田園風景を眺めていると、やがて、ひどく違和感のあるものを発見する。それが、ゴルフ場だ。

プレイする人の姿はめったに見られない。何のために造られたゴルフ場かもわからない。しかし、整備されたコースがあるところを見ると、間違いなくそこはゴルフ場なのだ。しかも、わざわざ「世界でもっとも危険なゴルフ場」と書かれている。

さらに詳しくいえば、南北の非武装地帯（ＤＭＺ）にある世界一小さくて危険なこのゴルフコースは、あろうことか軍事境界線のすぐ隣にあるのだ。

もしも鉄条網を越えてＯＢでもしたら、あたりは地雷だらけで、絶対にボールは戻ってこない。当然、球はロストボールになる。

勇気があるなら、ここでプレイしてみないかと言わんばかりの場所なのである。

# 存在しないはずのロシアの都市

## ■存在を隠蔽されている謎の都市

ロシア連邦のバシコルトスタン共和国にメジゴーリエという都市がある。ウファの東約230キロメートル、ベロレックの北西約70キロメートル、小インゼル川左岸に位置するといっても皆目見当がつかないだろうが、だいたいウラル山脈の南端あたりだと思えばいいだろう。

今でこそ人口1万8000人程度の都市だということが知られているが、1994年までは地球上に「存在しない都市」として秘密にされていた。もちろん、地図にも載っていないし、住民への手紙なども出せなかった。

その存在を知られるようになった今でも、誰もが自由に出入りできるわけではない。地元住民以外の人間は絶対に入ることのできない都市なのである。

## ■存在理由は不明

この都市がつくられたのは1979年と言われている。住民たちはヤマンタウという名の山で採掘作業に従事していると言われている。ヤマンタウ山は標高1640メートルでウラル山脈南部ではもっとも高い山だ。

しかし、本当に採掘作業が行われているかどうかはわからない。

1990年代にはアメリカの衛星写真によって、掘削作業が行われているらしい場所が確認されている。だが同時に駐屯地らしきものも写っており、アメリカ側にはここが核戦争に備えて作られた重要人物のための避難所ではないかという専門家もいる。

しかし、アメリカが何度質問しても、ロシア側は「採掘場だ」という説明を繰り返すだけなのだ。結局、いまだに真相はわかっていない。

## ■旧ソ連時代にできた数々の秘密都市

じつは旧ソ連には、地図に載っていない秘密都市が数多く存在している。メジゴー

メジゴーリエと思しき地域（© Водник and licensed for reuse under Creative Commons Licence）

リエも、そんな秘密都市のひとつだった。

これらの都市は何らかの形で軍の施設や軍事産業などに関わっている。そのために機密保持が何よりも優先され、名前も周辺都市に数字を足しただけの暗号で呼ばれていた。

メジゴーリエの場合は、「ベロレック15、16」というのが呼び名だった。

ロシア連邦になって、ようやくメジゴーリエという名称がつけられたが、あくまでも「閉鎖行政地域組織」とされ、今でも一般の人の立ち入りは許されていない。

ところが近年になって、ここには核攻撃システムが設置されていることがわかった。つまり、鉱山の採掘作業が行われているというのはカモフラージュであり、国際的に秘密にされた重大な目的があったのだ。

## ■秘密都市の種類はふたつ

ちなみにロシアの閉鎖都市には、ふたつの種類がある。

ひとつは軍事産業または原子力・核兵器に関する産業が存在するために閉鎖されている都市だ。

そしてもうひとつは、軍事的な重要地またはレーダー基地などがあり、保安上の理由から閉鎖されている都市である。この多くは国境にある。

ソ連は第2次世界大戦後からそれらの都市をひそかに建設し始め、立ち入りを禁止したり、国家機密にするようになった。

なかにはカリーニングラード州のように州全体にわたって、外国人旅行者・ソ連住民を問わず旅行が制限されている場所もあった。

軍需産業が集まっているゴーリキー（現在のニジニ・ノヴゴロド）、ミサイル・ロ

秘密都市セヴェルスクのゲート。ここには使用済み核燃料再処理および核弾頭製造の工場があると言われる。(©Dmitry Afonin and licensed for reuse under Creative Commons Licence)

ケット開発が行われているクイビシェフ（現在のサマーラ）などもそれに当たる。

これらの多くはソビエト連邦の崩壊後に開放されたが、メジゴーリエのように今も立入禁止の場所もある。

さらにはその場所が確認されていない都市が現在も約15もあると言われているのだ。

# カンボジアの地雷地帯

## ■世界一の対人地雷が埋められている場所

友人との会話で、触れてはいけない話題に知らずに触れてしまったときにおどけて「今、地雷踏んだ?」と言うことがある。そんなふうに気軽に言えるのは、日本が平和で本物の地雷とは縁遠い国だからだ。

現在、世界にばらまかれている地雷の数を正確に把握することはできないが、約70ヵ国に1億個以上と推定されている。その多くが対人地雷という「人」を標的にした小型の地雷だ。

なかでも対人地雷の埋設密度が世界一と言われているのがカンボジアだ。狭い国土に400万~600万個の地雷が埋められたとされており、これまでに6万4000人近い人が地雷の被害に遭ってきた。

カンボジア・バッタンバン州で地雷を撤去する兵士（写真提供 :PANA）

カンボジアは、１９５０年代の始めにフランスから独立した国だ。そのため首都プノンペンは、「東洋のパリ」と言われるほどおしゃれで穏やかな町だった。

しかし、１９６０年代後半にベトナム戦争に巻き込まれ、70年代には政府と反政府ゲリラであるポル・ポト派との内戦が勃発した。

それが終わってからも30年以上戦闘状態が続き、その間に大量の地雷が埋められていったのだ。

いくつもの国の事情に翻弄された歴史があるだけに、カンボジアは「地雷の博物館」と呼ばれるほど種類が多い。

アメリカ製から旧ソ連製、中国製、ベ

トナム製などの30種類以上とも言われるさまざまな地雷が埋まっている。

## ■地雷が使われる理由

対人地雷が大量に使われたのにはいくつかの理由がある。

第一に、価格が安いことだ。1個300円ほどで売られており、小型で誰にでも扱いやすい。たとえ軍人でなくても特別な訓練を受けることなく扱えるのである。しかも、負傷した人と、さらにそれを助ける人という2倍の兵力を一度に奪うことができる、効果の高い武器なのだ。

しかし地雷は、戦争が終わっても人々に牙をむき続ける。女性でも子供でも関係なく威力を発揮し、手や足を吹き飛ばす。人々を不自由な身体にしてしまうことから「悪魔の兵器」との異名もあるほどだ。なかには子供がつい触ってみたくなるような蝶の形をしたものもあるため、現在は世界中で盛んに地雷除撤去作業が行われている。

撤去作業は、まずどこに地雷が埋まっているのかを探るために、探知機で地面すれすれをそっとなでながら歩くことから始まる。

地雷探知機は、対人地雷についている信管の小さい金属を探しあてる道具だ。ただ、金属なら何でも感知して音が鳴ってしまうので、それが地雷かどうかを棒でつついて確かめるという危険極まりない作業の連続なのである。

１９９７年には「対人地雷全面禁止条約」が締結され、批准国は地雷の使用と生産、備蓄、そして輸出入に至るまですべてが禁止されることになった。

しかし、中国やロシア、アメリカなどの地雷生産国は、その条約に署名することなく、今も地雷を造り続けている。

２０１５（平成27）年、カンボジア国内での被害者は１１１人で、ピーク時の50分の１にまで減少している。同年に撤去された地雷や不発弾は約2万３０００個だが、いまだに１６４０平方キロメートルの地雷汚染地域があるのだ。これはハワイのオアフ島がすっぽり入るほどの広さだ。

近くに地雷が埋まっているかもしれない地帯には、赤地に白のドクロマークの看板が立てられている。そこはまさに立入禁止区域そのものだ。この看板が世界中からなくなる日はいつやってくるのだろうか。

# 断崖絶壁にはりつく「王の小道」

## ■死亡事故のために使えなくなった道路

この道とも言えぬ道の名は「エル・カミニート・デル・レイ」という。スペイン語で「王の小道」という意味だ。なんともロマンチックな名前である。

しかし、実際にその場所を見れば、そんな気分などすぐに吹き飛ぶにちがいない。そこは、あまりにも危険すぎて立ち入ることのできない、地獄に通じている小道なのだ。

この道は、スペインのマラガ県アロラ近郊を流れるグアダルオルセ川沿いの花崗岩の渓谷にある。

そこには断崖絶壁に沿って、幅1メートルもない小道が約3キロメートルにわたって続いているのだ。下に広がるのは、最高で高さ230メートルという空間だ。

しかも、小道は特に整備されているわけでもなく、崩落して鉄の支柱がむき出しになっている場所などもある。

道がある部分でもそのコンクリートはかなり薄く、コンクリートの一部が剥がれて落ちていくこともある。

小道を歩くのにはロッククライミングの技術が役に立つ。（©Gabirulo and licensed for reuse under Creative Commons Licence）

高所恐怖症の人なら写真を見ただけで目がくらみそうな場所だが、ロッククライミングを趣味とする人々には有名な「エル・チョロ」という断崖絶壁にあるので、命知らずのクライマーたちがそこを歩くこともある。

しかし、１９９９年と２０００年に２件の転落事故が起きて、４人の命

絶壁にはりつく小道（©herr akx and licensed for reuse under Creative Commons Licence）

が奪われたのをきっかけに立入禁止となった。

## ■100年前にできた王のための小道

この小道が造られたのは1905年のことだ。周辺の治水工事のための資材と人員の移動のために、チョロ滝とガイタネーホ滝との間に造られた。

1921年に当時のスペイン国王アルフォンソ13世が、その上流に完成したダムの完成式典に出席するために歩いたことから「王の小道」という名前がつけられたのである。

しかしそれ以降は使う人もなくなり、荒廃する一方となって現在のありさまとなった。

今でこそ訪れる人は多いが、その割にいつも誰かが見張っているわけではないので、そんな危険な場所とは知らずに足を踏み入れる人もいるだろう。

そのため、人知れず命を落としている人もいるのではないかという話もあるようだ。

ここを歩く様子を撮影した映像がネット上で公開されている。

人によっては絶対に見たくない恐ろしい映像だが、再生数が６５０万回を超える作品もあるところを見ると、恐いもの見たさで再生ボタンを押してしまう人も多いようだ。

整備されていない道は荒れ放題だ。（©lukasz dzierzanowski and licensed for reuse under Creative Commons Licence）

# アンコールワット第三回廊

## ■世界遺産になったヒンドゥー教の寺院

アンコールワットといえば、カンボジアを代表する観光地である。

世界遺産にも登録されており、毎年世界中から大勢の観光客が訪れている。誰でも気軽に行ける場所だ。

ところがここには、命がけで足を踏み入れなければならない場所があるのだ。

アンコールワットは、12世紀前半、アンコール王朝のスーリヤヴァルマン2世によって建てられたヒンドゥー教寺院だ。アンコールワットは周囲を環濠に囲まれていて、三重の回廊があり、さらに本殿の中央祠堂を中心に5基の塔堂が並ぶ。

寺院建築としてはかなりの規模であるうえに、その美しさはほかに類を見ない。平面的な配置のバランスと、塔の立体的な造形美とが見事に調和して、見る者を圧倒する。

アンコールワットの中央祠堂（©sam garza and licensed for reuse under Creative Commons Licence）

また、第一回廊に彫られた主神ヴィシュヌとその化身クリシュナなどの天地創造神話や戦争の場面は、技巧的にも優れ、緻密な美しさに思わず吸い込まれてしまうほどだ。

まさに美の極致とも言える寺院であるにもかかわらず、その中に人の命を脅かすほど危険な場所があるというのは不思議な話である。

その場所とは、第三回廊である。

## ■何人もの死者を出した第三回廊

第一回廊は、3層の盛り土の上に造られている。それが十字型中回廊の階段へと続き、第二回廊へ向かって少しずつ高くなっていく。

その後、内庭を抜けると、目の前に急な傾斜の階段がそびえ、それを登ると5基の塔堂と第三回廊へと続く。

ここを通る者の視線が少しずつ上方向を見るように設計されており、それによって宗教的高揚感を演出していると言われる。

しかし、問題はこの第三回廊だ。

一見するとただの長い石段なのだが、あまりにも傾斜が急なのだ。実際、ここで落下して命を落とした人が何人もいて、現在この回廊は、立入禁止になっている。

現在は立入禁止になった階段の反対側に手すりの付いた木製の階段があり、1回に100人までの制限つきだが自由に登ることができる。

しかし高くなればなるほど確実に恐怖心が増していき、ちょっと強風が吹けばバランスを崩して真っ逆さまに落下する危険もある。ロッククライミングに近い感覚なので、けっして軽く考えないほうがいいだろう。ちなみに、第三回廊はカンボジアの仏日（月に4～5回）は入場できないことになっている。

もしかしたら、簡単に人を寄せつけないために、わざとこんな危険な設計にしたのではないかと疑いたくなるほどである。

しかし、そんな恐ろしい場所があることもまた、アンコールワットの神秘的な魅力のひとつなのかもしれない。

立入禁止の頃の第三回廊の石段。かつてここで何人もの死者が出た。

# 異教徒が入れない都市メッカ

## ■イスラム教徒の聖地

サウジアラビアの西部に位置し、紅海に臨む都市がメッカだ。

イスラム教の開祖である預言者ムハンマドが生まれた場所であり、コーランにおいて預言者アブラハムとその子イシュマルが建立したとされているカーバ神殿や、巡礼に訪れた人々が登るアラファト山などがある。

石油産出国として知られるこの国には観光で訪れる人も多く、日本からのツアー客も多い。メッカもよく知られた都市であり、ここを訪れようとする観光客もいるが、しかしメッカに向かおうとすると途中で大きな看板と出会うことになる。その看板にはこう書かれている。

「イスラム教徒以外は立入禁止」

上空から見たメッカの街並み

　じつはメッカは、イスラム教徒にとっての絶対的な聖地であり、異教徒は入ることのできない都市なのだ。
　メッカの手前12キロメートルの場所には検問所があり、そこでイスラム教徒であるかどうかが厳しくチェックされる。そして、異教徒であればそこから先へは入れてもらえない。
　もし強引に入ろうとすれば、捕えられて処刑されることもある。メッカはそれほど特別な場所なのだ。

## ■命がけでメッカに集まる人々

　イスラム教徒は世界のどこにいても決

ムスリム（イスラム教徒）以外は最寄りの都市ジェッダに案内される。


まった時刻になるとメッカの方向に向かって三度、または五度の礼拝を行うというのは、よく知られた話である。

さらには、「イスラム教徒は一生に一度はメッカ巡礼をしなければならない」とも言われている。これはイスラム教徒の五行である信仰告白、礼拝、喜捨、断食、巡礼のひとつである。

特に、ズー＝ル＝ヒッジャ月（イスラム暦の第12月）の8～10日に行われる巡礼「ハッジ」には、世界中から多くのイスラム教徒が集まってくる。

なかでも大祭である「イードル・アドハー」には、約３００万人も集まると言われている。

あまりにも大勢の人々が一ヵ所に集まるので、パニックなどによる事故も多い。数百人もの死者を出す事故が起こって日本でも報道されることがある。

それだけの人が集まるのだから、ひとりくらい異教徒がまぎれ込んでもわからないだろうとも思うが、検問所におけるチェックは厳格で、異教徒の侵入をけっして許さない。

　かつて日本の写真家がメッカの写真集を出版したが、その写真家はメッカに入るためにわざわざイスラム教徒になったという話がある。しかし、裏を返せば、それほどまでに「信仰」というものに忠実だということである。

カーバ神殿の出入り口。許された者だけがこの中に入ることができる。（©omar_chatriwala and licensed for reuse under Creative Commons Licence）

# 1300年続く女人禁制の山

## ■山伏たちの厳しい修行の山

「紀伊山地の霊場と参詣道」は、2004年7月に世界遺産に登録された名前である。一般的には「熊野古道」の名前のほうがよく知られているかもしれない。

地域としては奈良、和歌山、三重の3県にまたがる総面積約500ヘクタールという広大な部分を指す。紀伊山地にある3つの山岳霊場とそこにつながる参詣道、それを取り巻く風景が世界遺産として認められたのだ。

3つの山岳霊場とは、真言密教の高野山、神仏習合の熊野三山、修験道の吉野・大峯だ。三県の県境を中心に、それぞれに参詣道が延びている。

しかし、その中には女性が立ち入ることができない区域がある。

奈良の大峯山を中心とした約10キロメートル四方のエリアだ。

女人結界門（©Mass Ave 975 and licensed for reuse under Creative Commons Licence）

大峯山とは、大峯山系という山々の総称で、一般に吉野熊野国立公園の中心をなす地域の北部を「吉野」、南部は「大峯」と言っている。

吉野からこの大峯山系を経て、熊野の熊野本宮大社に続く約80キロの道のりが大峯奥駈道と呼ばれる道なのだが、ここは今でも山岳宗教である修験道の修行の場で、尾根にそって険しい道が続いているのだ。

## ■結界門の先には女性は入れない

大峯山系には、高さ約1719メートルの山上ヶ岳があり、その山頂に大峯山寺本堂がある。大峯山寺はおよそ1300年前、のちの修験道の開祖となる役行者が修行し開いた霊場と言われている。

修験道は、この山上ヶ岳を根本道場としていて、山上ヶ岳への女人禁制をかたくなに守り続けているのだ。

愛媛県の石鎚山や岡山県の後山など、ほかにも一部規制の残る山もあるが、山全域が女人禁制となっているのは山上ヶ岳だけである。一般に大峯山寺本堂への道のりは、洞川温泉から山上ヶ岳を登る徒歩4時間の厳しいものだ。

ところが、途中の大峯大橋の先には「女人結界門」があり、女性はそこから先に立ち入ることができない。これは、1300年来守られてきた修験道の伝統である。

だが、その一方で、「女人禁制の世界遺産とは腑に落ちない」との意見もある。現に2005年11月に、大峯山の女人禁制に反対する人々による「大峯山に登ろうプロジェクト」が立ちあがり、寺院側に解禁を求めて質問書を提出している。

話し合いの最中に、大峯登山を強行した女性メンバーがいて、寺院やマスコミから批判を受けるという一幕もあった。

## ■女性が入れないわけ

世界遺産登録を祝い、山伏を先頭に熊野古道を歩くちょうちん行列。(2004年7月)(写真提供:共同通信社)

かつては霊山と呼ばれる場所の多くが女人禁制だった。富士山も江戸時代後期頃まではそうだったようだ。

しかし、明治時代に入ると立山、白山、比叡山、御嶽山、高野山など多くの山で次々と女人禁制が解かれていった。

霊山で女人禁制がなされた理由は諸説ある。単純に、山道は険しく女性には危険だからという説や、山の神は女性なので女性が入ると嫉妬するという説が一般的だ。

あるいは、流れ出る血も一種の排泄物であり穢れたものなので、生理中の女性は神聖な場所に入ってはいけないとする女性蔑視的な説も根強くあった。

しかし、もっとも説得力があるのは、修行

の場において性欲は禁物だという性欲説かもしれない。

本来、日本の仏教に女性の立ち入りを禁止する戒律はひとつもない。それでも智慧をもって煩悩を制御することを理想としているため、煩悩のひとつである性欲を抑えることも務めと言える。

出家者は性欲を刺激する可能性のある行為はすべてNGだが、そばに女性がいるだけで心が揺らいで禁を破ってしまう恐れがあるため、男性の修行場から女性を排除したと考えられるのだ。

それを、守るべき伝統文化と捉えるか、女性差別と捉えるかは立場や考え方によって違うようである。

# 2章

# 事実上の立入禁止地帯

# ピストルが路上で売られている村

## ■部族の掟が支配する密貿易の村

無法地帯という言葉には恐ろしい場所のイメージがあるが、その恐怖をまさに絵に描いたような地域がある。

パキスタン北西部のアフガニスタンとの国境地帯にあるそこは、トライバルエリアと呼ばれる。約330万人が住むこの地域は連邦直轄部族地域である。パキスタン国内でありながら、どの州にも属していないのだ。

トライバルエリアという言葉は、直訳すると「部族社会」ということになる。

この地域に住んでいるのは、アフガニスタンの主要民族であるバターン（バシュトゥーン人）で、彼らはあくまでもパキスタンという国家の「外」で生きている。だから、パキスタンの国内にありながら、この地域は部族の掟が支配しているのだ。

屋外で銃の調整をする人物（写真提供：kenpu）

この地域のことは、パキスタンの憲法に「連邦直轄部族地域はパキスタン連邦議会および州議会の立法権限はおよばない地域」と明記されている。

これは言い換えれば、ここだけがひとつの独立国のような存在だということを国家が暗に認めているのである。

ある意味で無法地帯であるために、麻薬や武器など常識では売買されないようなものが平気で売り買いされていたり、テロなどの計画が立てられて人々の生活が脅かされるといったことが日常的に起こっている。

なんといっても驚かされるのは、おもな産業は麻薬の栽培と密貿易だということだ。農業や牧畜も行われてはいるが、盛んではない。

政府の目の届かない地域なので、地域の開発やモノの流通などに注意が及ばない。そのため教育レベルも低く、男性の識字率は3割にも満たないという調査結果もある。

では、人々はどのようにしてお金を得ているのかというと、それが麻薬なのである。生活の糧として麻薬が作られるという、日本人の常識では考えられない地域なのだ。

## ■屋台にあるのはドラッグと武器

実際にトライバルエリアに行くのは、それほど難しいことではない。

首都のイスラマバードから車で州都のペシャワールまで行き、そこで入域許可書を手に入れればすんなり入れるという。

ただし、現地に詳しいガイドとともに行動したほうがいい。銃を持った人間がいたるところにいるし、道端の屋台で大麻が当然のように売られている。

やたらと笑顔を浮かべるフレンドリーな住民がいると思ったら、その大半はアヘン中毒者なので近づかないほうがいいとも言われる。

偽札や偽造パスポートが普通に出回っていて、旅行者はいつ、どんな形で、それらをつかまされるかわからない。気がついたら恐ろしいトラブルに巻き込まれているような場所なのである。

また別の街では、ピストルや機関銃、ミサイル弾やロケットランチャーなどが、まるで日用必需品のように露天で売られている。子どもが本物のピストルを持って遊んでいる光景に出くわすこともあるくらいだ。

意思決定機関ロヤジルガ。ロヤジルガとは大会議という意味で、ときに国会よりも重要な意味を持つ。

## ■旅行者にも容赦ない治安の悪い場所

１９５０年代頃からこの地域はアヘンの生産と取引の中心地となった。１９８０年代には、全世界に向けてアヘンを供給する地域となり、パキスタン政府によって麻薬関連の活動を大々的に取り締まる試みがなされてきたものの、アフガニスタンからのアヘン密売は依然として問題になっているのだ。

こんな場所だけに、世界を旅する人々から「世界でもっとも治安の悪い場所」と言われてもしかたがないかもしれない。

ことにこの地域の部族は、国際テロ組織アルカイダを援助し、パキスタン政府とは対立関係にあると言われる。それだけに旅行者に対しても容赦ないのだ。

そんな場所に何も知らない外国人が迷い込むのはたいへん危険である。そのためパキスタン政府は、警察官の護衛もなしにここに入り込むことを厳しく禁じている。物珍しさに魅かれる人もいるらしいが、興味本位で行っていい場所ではないのだ。

# 犯罪発生率世界一のスラム街

## ■リオデジャネイロの巨大貧民街

日本のほぼ裏側、ブラジルのリオデジャネイロでは、毎年3月にサンバカーニバルが行われる。祭りに合わせて国内外からおよそ75万人もの観光客が集まるこの街は、開放的で華やかなイメージが強い。

リオの人口は600万人を超え、2014年にはサッカーのW杯が開かれ、2016年には夏季オリンピックという世界的ビッグイベントが続いた。

しかしこの街は、そんな華やかさとは裏腹に深い闇の一面を持っている。それは「ファヴェーラ」と呼ばれるスラム街である。

ファヴェーラとは、土地を不法占拠し小屋を建てて住みついた貧困層のたまり場の総称で、ブラジルの大都市・中都市のほぼすべての郊外にある。

なかでも特に有名なのが、リオデジャネイロのファヴェーラなのだ。積み木を重ねたような貧しい小屋が丘の斜面を覆い尽くしている景観は圧巻としか言いようがない。車が通れるような道はなく、路地の脇に流れる下水は異臭を放ち、住民は電柱から家まで勝手に電気を引っ張っている。

人口は2010年で推定130万人にのぼる。リオ市民の約4人に1人はファヴェーラの住民という計算になる。

ここは、麻薬組織が幅を利かせる犯罪の街として知られ、治安の悪さは世界トップクラスだ。

リオ州公安局によると、リオ市の人口10万人あたりの殺人発生率は18・6パーセント（2015年調べ）にもなるという。最近物騒になったと言われる日本が0・74パーセントなので、いかにファヴェーラの治安が悪いかがわかるだろう。

銃や麻薬の売買が堂々と街中で行われ、日常的に銃声が聞こえるような場所だ。ろくに教育も受けられない少年たちは、将来はギャングになるか、サッカー選手になるか、そのまま老いるかくらいの選択肢しかない中で暮らしている。その劣悪な環境は、『シティ・オブ・ゴッド』など多数の映画作品で描かれている。

リオデジャネイロ最大のファヴェーラ、ホシーニャの街並み（©chensiyuan and licensed for reuse under Creative Commons Licence）

## ■警察と麻薬組織の大戦争

ファヴェーラの始まりは、19世紀後半にまでさかのぼる。

当時起こった反乱軍との戦争で政府に徴兵された元奴隷たちが任務を解かれた後、その多くが大都市であるリオに移住してきた。

ところが、政府は彼らに住居を与えなかったため、元兵士たちはリオ郊外の丘の公共の土地に家を建て始めたのだ。

彼らは、新しい街を「モーホ・ダ・ファヴェーラ」と名づけた。ファヴェーラは、彼らが反乱軍との戦いに勝利した地に生い茂っていた植物の名前だ。のちに、奴隷制の廃止とともに流れ出た黒人たちがその地に加わり、一大貧民街となったのである。

州政府は、犯罪の温床になっているファヴェーラの撤去運動を何度も実行しては失敗していたが、2016年の夏季オリンピックに向けて本腰を入れた。それによって起こったのがUPPと麻薬組織の激しい抗争だ。

UPPとは、州による治安回復計画のことで、麻薬組織を一掃し、警察や法の力を回復させようとしている治安警察のことでもある。

オリンピック開催が決まった直後には、軍警察のヘリコプターが撃墜される事件が起こった。その後、軍警察と麻薬組織による住宅街での銃撃戦や、高級ホテルへの立てこもり事件も発生した。

2010年11月には、リオデジャネイロ北部のファヴェーラでヘリコプターや装甲車が出動する大規模な掃討作戦が実行され、7日間で39人が死亡、車両181台が炎上するという大惨事が起こっている。

「リオデジャネイロ戦争」とまで呼ばれたこの争いでは、ドラッグ10トンと数百丁単位の銃が押収された。

麻薬組織掃討作戦で発見された大量の大麻をヘリコプターに積み込む警察特殊部隊（写真提供：AFP＝時事）

しかし逮捕者は70人にとどまり、約500人は別のファヴェーラに逃げ込み、徹底抗戦の構えを崩さなかったという。

相手は「UPPを継続するならW杯もオリンピックもない」と声明を出した犯罪組織だ。逃げた組織の残党が散らばってしまった分、いつどこで何が起こるかわからないという不安はオリンピック前よりも増しているのである。

# 原住民が狩猟生活を続けている島

## ■ジャングルで続く昔ながらの生活

大小およそ300の島々が南北に長く連なるアンダマン諸島と、その南に位置し20前後の島々からなるニコバル諸島は、インド東部のベンガル湾南部に浮かんでいる。

ふたつ合わせて「アンダマン・ニコバル諸島」と呼ばれるこの地域は、インドの連邦直轄領であり、インド政府によって外国人の立ち入りが制限されている。

理由は、防衛戦略上の要地となっているからである。ベンガル湾とマラッカ海峡を分かつこの島々には軍事基地があるのだ。

諸島の総面積は、8248平方キロメートルで、総人口は35～36万人になる。

じつは、その中の800人ほどは先住民族で、言語の異なる5つの部族が今も石器時代のごとく狩猟採集生活を送っている。外国人の立ち入りを制限しているのは、そ

アンダマン・ニコバル諸島（©Venkatesh K and licensed for reuse under Creative Commons Licence）

うした先住民の保護の意味もあるようだ。

この島々は、7世紀頃から近隣地域の商人たちの間で知られていた存在だった。しかし、深い密林であったために長く見過ごされてきたのだ。

## 島をめぐる先進国の争い

17世紀になってヒンドゥー教徒のマラータ族の同盟によって諸島が併合され、その後、イギリスによって統治された。

しかし、イギリスは諸島を流刑地として利用するだけで、原住民たちは狩猟生活を中心として自給自足の暮らしを続けていたのだ。第2次世界大戦時には、日本軍の統治下にあったこともある。

その後は、インドとイギリスが諸島を取り合うように争い、1947年にインドが独立してインド領となった。するとインド本土からの移民が増え、他国からも多数の難民が押し寄せ、人口は増加の一途をたどっている。

アンダマン諸島の中で、人口が集中しているのは首都ポートブレアがある南アンダマン島と中アンダマン島、北アンダマン島の3島で、そのほかはほぼ無人に近いと言われている。

人口も面積も最大の南アンダマン島は、島の一部が先住民族の保護区になっており、自治大臣の発行する通行許可証なしではそこに立ち入ることはできない。

中アンダマン島は、島民のほとんどが先住民のジャラワ族で占められており、アンダマン諸島最南部の小アンダマン島は、1957年からオンゲ族の居留地だ。

ニコバル諸島の場合は、移民よりも先住民の割合が多く、人口の65パーセントが先住民で占められている。

全諸島の先住民の中でももっとも外部との接触を避けているのが、南アンダマン島の西約30キロメートルにある北センチネル島に住む先住民、センチネル族である。

彼らは500人ほどいると言われるが、他民族との関わりをいっさい拒否している。

1903年以前に撮られたアンダマン諸島の住民たち。現在も同じ生活を送っている姿がスマトラ地震後に確認されている。

## ■地震や津波の後も変わらない日々

2004年にスマトラ島沖地震が起きたときの大津波は、まだ記憶に新しいことだろう。アンダマン・ニコバル諸島も地形が変わるほどの被害を受けた。

しかし、さすがに先住民族だけあり、本土からの移民や難民たちが次々と避難する中で、どの部族の人々も島々にとどまり続けた。

彼らは尋常ではない波のひき方を見て、早い段階で大津波を予見し高地へ逃げたため、多くの人が難を逃れたのだ。

それに、もともと定住しない生活を続けている狩猟民族なので、家が壊れたとか、食べるものがないということに慌てふためいたりしないことも強みである。

センチネル族などは、救助物資を輸送するヘリコプターに矢を放ったという。諸島の自治政府もあえて干渉しないようにしているようだ。

ただ、アンダマン・ニコバル諸島に軍事基地がなかったら、外国人の立ち入り制限はなかったかもしれない。

つまり、彼らの生活が守られているのは、島に基地があったからという皮肉な結果でもあるのだ。

# 海賊とテロリストがはびこるソマリア

## ■全土にわたって退避を勧告される国

日本の外務省は、ホームページ上で世界各国の危険度についての詳細な情報を発信している。

「危険情報」と呼ばれるそれは、４段階に分かれている。

レベル１は「十分注意してください」、レベル２は「渡航の是非を検討してください」、レベル３は「渡航の延期をお勧めします」となり、もっとも危険なレベル４では「退避を勧告します。渡航は延期してください」となる。

つまり、レベル４は事実上の立入禁止と考えていい。危険を承知で行く人を止める強制力はないが、命を失いたくない人は絶対行くべきではない場所だ。

そのレベル４の国として筆頭にあがるのがソマリアである。

なにしろ1980年代から内戦が続いており、国際的に承認された政府がないまま現在に至っているのだ。

内戦によってコロコロと入れ替わる政権に、もはや、どの勢力がどんな主張を持って争っているのか、複雑すぎて専門家でもない限り理解できないほどだ。

だからといって、どんな国なのかのぞいてみたいと思っても入国はきわめて困難だ。そもそもソマリアには日本はおろか主要国の大使館がないのである。

退避勧告はソマリア全土にわたり、国際機関の職員をはじめ、外国人に対する殺傷事件や誘拐事件があちこちで発生している。

なぜソマリアはこれほどまでに危険な国になってしまったのだろうか。

## ■国連も解決できない深刻な問題

ソマリアはアフリカ大陸の東部にあり、別名「アフリカの角」と呼ばれるように、インド洋に鋭く突き出ている国だ。

かつてのイタリア信託領とイギリス領がそれぞれに独立し、1960年に合併して

モガディシュ市内の民兵は一般車を改造して戦闘車両にしたてあげ、街を走っていた。(©CT Snow and licensed for reuse under Creative Commons Licence)

形成された。

その９年後には早くもクーデターが発生し、それによって生まれたバレ政権がその後20年あまりソマリアを掌握していた。ところが、このバレ政権が１９９１年に崩壊したことで政府不在となり、一気に治安が悪化して内戦が繰り返されるようになったのだ。

この事態に国連が動き、ＰＫＯの活動が始まったのは１９９２年のことだ。内戦を終結させるべくアメリカを中心とした軍隊がソマリアに介入した。

このときに起きたのが映画『ブラックホーク・ダウン』で描かれた「モガディシュの戦闘」だ。国連軍は首都モガディシュで武装勢力の激しい抵抗に遭い、多くの兵士の命を失った末に完全撤退を余儀なくされたのである。

その後、周辺諸国の仲介によって現在の暫定連邦政府ができ、内戦停止に向かって動き始めてはいるが、抵抗勢力は依然しぶとく治安の悪い状態が続いたまま今に至っている。そして、長期化する紛争状態の中、暫定政府の目の届かない場所で横行しているのが海賊たちだ。

彼らは、小型漁船に見せかけた高速艇に最新兵器を搭載し、複数隻で貨物船やタンカーを襲う。

その被害はとどまることを知らず、世界中で起こっている海賊被害の3分の1がソマリア沖だと言われるほどだ。2011年3月にも商船三井の重油タンカーが海賊に襲われている。

## ■干ばつによる21世紀初の飢饉

ソマリアは世界最貧国のひとつだ。おまけにマラリアやコレラ、ポリオなどの発生

ソマリアの海賊が乗る小型船。米海軍のイージス艦や駆逐艦に発砲したため戦闘になり、最終的に海賊１人が死亡、12人が拘束された。

も全土で報告されている。

国連食糧農業機関と飢餓早期警戒システムネットワークは、２０１０年から２０１２年に飢餓と食糧不足のため約25万８０００人が命を落とし、うち13万３０００人は5歳未満の幼児だったと報告した。

陸では武装勢力がテロ行為を繰り返し、海では海賊が暴れまくり、人々は飢え、病気が蔓延するソマリア共和国。我々が気軽に立ち入れる日がやってくるのはまだまだ遠い先のことのようである。

# 自称「世界最小国」シーランド

## ■戦争中につくられた鉄の海上要塞

イギリス南東部、ロンドンからもそう遠くないサフォークの沿岸で船を走らせていると、眼前に広がる北海の波間にまるで巨大な鳥居のような建造物が忽然と姿を現す。

2本の丸い柱の上に巨大な甲板が載っているだけのこの建物は、荒れ狂う北海の大海原にあって、不気味な雰囲気を漂わせている。

「あれはよく映画の撮影で〝敵のアジト〟に使われる建物なんだよ」と言われてもうなずいてしまいそうだが、実際は映画会社が造ったセットでも、ましてや北海の海底資源を採掘するための基地でもない。

岸からわずか10キロメートルほどの海上に浮かぶのは、なにを隠そう世界でもっとも小さな「国家」を名乗っている場所なのだ。

シーランドの国土（©Ryan Lackey and licensed for reuse under Creative Commons Licence）

第２次世界大戦中、イギリスは北海の南端にひとつの海上要塞を設置した。

要塞は、コンクリートの太い２本の柱でバスケットボールのコートよりも狭い鉄の甲板を支えているだけという簡単な造りだったが、そこには居住スペースや砲台なども設置された。

戦時中は３００人ものイギリス海兵が駐留していて、軍事施設としてはそれなりに機能していたようである。

しかし戦後は兵の姿も見えなくなり、これといった使い道もないままに人々の記憶から忘れ去られていた。

この要塞を舞台に驚くような事件が起きたのは、戦後20年以上経った１９６７

年のことだ。

## ■勝手に「国王」を名乗る人物が現れる

当時、海賊ラジオ放送を行って放送法違反の罪に問われていたパディ・ロイ・ベーツという元イギリス軍少尉がいた。

彼がなかば廃墟と化していたこの海上要塞を不法占拠して、自分の放送局をこの要塞に設置したのだ。

それればかりか、この要塞がイギリスから独立することを一方的に宣言すると、ベーツはみずから君主を意味する「ベーツ公」を名乗って国家元首の座に就いた。

ここに、世界中の誰にも認められていない、国土わずか207平方メートルの「シーランド公国」が誕生したのである。

自称とはいえ国家を名乗っている以上は許可なく上陸することは不法侵入に当たるため、シーランド公国は簡単には入れない場所になってしまった。

ただし、公国の公式サイトでは財源確保のためか、Tシャツなどのお土産と並んでシーランド公国の爵位が販売されている。かつて、日本のテレビ番組の企画で、実際にタレントが爵位を購入したこともあるから、爵位さえあれば胸を張って上陸することはできるだろう。

2007年5月にBBCが取材に入ったときの様子（©Ryan Lackey and licensed for reuse under Creative Commons Licence）

## ■国王みずからクーデターを解決

イギリス政府はすぐさま裁判所に訴えたが、当時の法律ではこの要塞はイギリスの領海外にあったために、なんと敗訴してしまう。

さらに周辺国もこの場所には興味を示さず、どこも領有権を主張しなかったため、シーランド公国はどの領海にも属さないまま〝禁断の独立国家〟になったのだ。

やがてベーツ公は独自の憲法や国旗、パスポートや通貨を定めて、国家としての基礎を築き始める。

その後も、このシーランド公国では波瀾万丈の歴史が繰り広げられた。

1978年にはベーツ公が首相に指名していたドイツ人の投資家によるクーデターが起きて、国土である要塞を乗っ取られるばかりか、ベーツ公の息子が人質にとられるという事件が起きてしまった。

このとき、ベーツ公はみずから武装して、かつての軍人仲間とともに要塞を急襲して息子と国を奪還したという映画さながらのエピソードがある。

そのベーツ公は2012年に91歳で亡くなり、現在は息子のマイケルが2代目としてシーランド公国を治めているという。

以前は、国の統治権を売りに出していたが、いまだ買い手はついていない。このまま、次世代へと世襲されていくのだろうか。

# 入ったら出られない迷路屋敷

## ■東京ドームの半分の広さの個人宅

ウィンチェスターミステリーハウスは、いわゆるお化け屋敷ではないが、怖いという意味ではけっしてお化け屋敷に負けていない。なぜなら、「一度迷いこんだら二度と出られない」と言われているからだ。

このミステリーハウスがあるのは、アメリカ、カリフォルニア州サンノゼという街だ。州の歴史的重要建造物にされているほど有名な屋敷で、〝サンノゼと言ったらここ〟というくらいの観光名所になっている。

特に案内人による邸内のツアーは人気だ。邸内や庭園、博物館などまで見学できるグランド・エステート・ツアーは所要時間2時間半ほどで、料金は30～40ドルである。

この屋敷はもともとはサラ・ウィンチェスターという夫人が所有していた個人宅だっ

た。個人宅といっても、敷地面積は2万4000平方メートルというから、東京ドームの約半分の広さがある。それでも今は一時期に比べたら豆粒のように狭くなっている。もっとも広かったときには、なんと65万平方メートルの敷地を所有していたそうだ。外観は、一見すると神戸にある異人館を大きくしたようなクラシカルな洋館で、何の変哲もないように見える。

内部には160もの個室があり、暖炉が47個設置され、窓ガラスは1万枚も使われている。家具や調度品も豪華で、まるで城のようである。

しかし、屋敷の中には理解不能、意味不明なものがそこらじゅうにある。たとえば開けると壁になっているドアや上下が逆さまになっている柱、天井に突き当たってしまう階段や天窓が床にある部屋、さらには全長3キロメートルもある曲がりくねった廊下など、まるで忍者屋敷か迷路のようになっているのだ。

夫人自身も地図を持って歩いたというほど広く複雑なこの家は、どのようにして建てられたのだろうか。

## ■38年間、家の増築を続ける

空から見たウィンチェスターミステリーハウス。かつてはこの 27 倍の面積だった。(© שירן א and licensed for reuse under Creative Commons Licence)

ウィンチェスター夫人は、18世紀後半にウィンチェスター銃の販売で巨万の富を築いたウィリアム・ワート・ウィンチェスターの妻だ。

彼女は夫の死後、相続した莫大な財産を惜しみなくこの屋敷の建設費に注ぎ続けた。

驚くべきことに、１９２２年9月に彼女が亡くなるまでの38年間、この家は彼女の指示により24時間３６５日、休むことなく増築につぐ増築を繰り返していたのである。

ことの発端は、ウィンチェスター夫妻の子供が生後間もなく死んでしまい、そ

増築を重ねるうちに壁や屋根が入り組み、意味のない窓や扉ができた。（写真提供:TK Sports Shooting）

の15年後に夫も死んでしまったことにある。たび重なる不幸に悩んだ夫人がある霊媒師を訪ねると、「ウィンチェスター銃によって殺された人々の霊が復讐のチャンスを狙っている。アメリカの西部へ行き、家を建てなさい。建設の手を休めてはいけない。建て続けている限り生きながらえる」と告げたという。それを鵜呑みにして実行した結果、生まれたのがこのミステリーハウスというわけだ。

意味不明な内装は、この仕掛けによって悪霊を惑わせ、追い払えると信じた夫人の設計だった。つまり、悪霊祓いのために延々と増築が続けられていたのだ。

そのおかげかどうかはわからないが、夫人は80歳まで生きて天寿をまっとうした。彼女の死によって建設は中断され、未完成の地下室や宴会場がそのまま残っている。

## ■不思議なジンクス

ところで屋敷内には、夫人が吉と信じた「13」が多用されている。

たとえばシャンデリアのろうそくの数、階段の段数、壁に付けられたハンガーフックの数、ステンドグラスに使われた石の色の数、排水管の穴の数まで13なのだ。

現在の所有者も、本来は不吉と言われる「13」の形を摸したトピアリー（装飾庭園）の木を作り、そのこだわりを賞賛している。

行き止まりになった階段（写真提供:TK Sports Shooting）

まるでアトラクションのようなこのミステリーハウスは、ガイドがいなければ迷子になることは間違いない。けっして1人で入ってはいけない禁断の場所だ。

# グリズリーが住むアラスカの公園

## ■自然を守るために作られた巨大な公園

観光地として親しまれている国立公園も、もとはといえば大自然や動物たちを保護する目的で作られたものだ。

たとえば、広大な国立公園がいくつもあるアメリカでは、バッファローの激減によって国民の自然保護への関心が高まったと言われている。

開拓時代のアメリカ人は、毛皮をとるためや娯楽として狩りを楽しむために、猟銃によってバッファローを乱獲していた。

その結果、数千万頭いたと言われるバッファローは、19世紀末にはわずか1000頭以下にまで激減した。

このことが大きな反省として深く刻まれ、今日のアメリカの自然保護の精神は高まっ

公園内を歩くグリズリー。左奥には人間の姿もある。（©Marshmallow and licensed for reuse under Creative Commons Licence）

たと言えるのだ。

こうして作られた国立公園には、野生の動植物が大自然の中で、本来あるべき姿で暮らすことができる環境がある。

裏を返せば、人間がそこに立ち入れば弱肉強食の厳しい野生世界の一部になるということでもあるのだ。

## ■油断すれば命がなくなる

しかし、時折それを忘れてしまう人間がいるのも事実だ。

サファリパークのような飼育環境と管理設備を整えた場所でも、飼育員や来園者が動物に襲われることがある。

ましてやアメリカの広大な国立公園ともなれば動物は野生そのものであり、危険度はさらに増してくる。

いちいち注意されることはなくても、利用者が多くの細かいルールを守ってはじめて人間と自然が共存できる環境が成り立っていることを忘れてはいけないのだ。

アラスカの国立公園には、クマの生活圏となっている場所が多く、しばしば利用者がクマに襲われている。

現に、２０１１年の夏にもデナリ国立公園でサマーキャンプに参加していた若者がグリズリーに襲われ、４人が怪我を負っている。詳細は不明だが、彼らは特に危険なエリアに入り込んだわけではないという。

国立公園とはいえ、大自然の中に分け入っていくためには、正しい知識が欠かせない。そうでなければ、本当に命に関わる事態に遭遇してしまうこともある。

たとえば、２００５年にアメリカで作られた映画に『グリズリーマン』がある。

アラスカでグリズリーの保護を訴えていたアマチュア動物保護運動家の12年間にわたる活動の様子を記録したドキュメンタリー映画だ。

グリズリーが減少しているとばかり思いこんでいた（実際には保護策はとられてい

た）主人公の男性は、無謀にも丸腰でグリズリーに近づき、触れ合うことで保護を訴え続けていた。

バッファローの頭骨の山（1870 年代）

ところが2003年の秋、恋人もろともグリズリーに食べられてしまうという皮肉な結果で終わってしまった。

彼らがキャンプを張っていたのは、アラスカ南部にあるカトマイ国立公園だ。日本の関東平野並みの広さがあり、間近でグリズリーを見られることで人気があり、毎年7万人近い来園者がある。

しかし、間近といっても野生動物との距離感は難しい。自然保護区は、あまりに深入りしすぎてしまう人にとっては事実上の立入禁止区域と言っていいだろう。

# イスラエルの陸の孤島・ガザ地区

## ■国の一部を壁で囲んで隔離する

地中海に面した中東の国、イスラエルには、今でも死と隣り合わせの地域が存在している。住民のほとんどがユダヤ人であるイスラエルにあって、「パレスチナ人自治区」に定められているガザ地区だ。

今や、「パレスチナ問題」という言葉を聞いたことのない人はいないだろう。この問題は根が深く、宗教や人種、政治などさまざまな要素が絡みあって、現在も解決の糸口すらつかめていない。

そんな状況下でガザ地区はコンクリートの壁に囲まれていて、「一度入ったら二度と出られない場所」とまで言われているのだ。

地元民たちが「天井のない監獄」と呼んでいるこのガザ地区とは、いったいどのよ

ガザ地区を囲む壁（©piersonr and licensed for reuse under Creative Commons Licence）

うなところなのだろうか。

## ■壁の中の住民は半分以上が難民

ガザ地区はイスラエル南西部に位置していて、西岸を地中海に、南をエジプト国境と接している。

面積は365平方キロメートルと日本の種子島よりも小さいが、およそ140万人が暮らしている。そして、このうちの約100万人は難民キャンプの住人だ。

パレスチナでは、イスラエルとアラブ系民族の対立から4度にわたって中東戦争が繰り広げられた。

このときに、住む家を失ったアラブ系パ

レスチナ人の多くがガザ地区に移り住んだため、100万人もの難民を抱えることになったのだ。ここの難民キャンプは世界随一の人口密度とも言われている。

人口に対して仕事が圧倒的に少ないために失業率は70～80パーセントにのぼり、陸の孤島と化しているせいで食料品の確保すら難しい。そのため、毎日の暮らしを世界各国からの支援に頼らざるを得ず、貧困から抜け出せない状況が続いている。

## ■ロケット弾が飛び交う壁の周囲

ガザ地区は、2007年からイスラム原理主義組織である「ハマス」によって支配されている。

このハマスは、厳格なイスラム教国家をパレスチナの地に築くことをめざしている。なぜなら、パレスチナはイスラム教徒にとって聖地だからだ。

ところが、パレスチナを聖地としているのはイスラム教徒だけではない。キリスト教徒、そしてユダヤ教徒にとっても世界一重要な場所だ。

しかし、現在パレスチナにはユダヤ人の国がある。イスラム教徒がこの事実に納得していないことが、世界最大の紛争と言われるパレスチナ問題の原因のひとつなのだ。

ガザ地区を支配するハマスのメンバーは、自分たちを取り囲むイスラエルに敵意をむき出しにして、ロケット弾による攻撃を繰り返している。

ガザ地区へ入るために検問所を通過するパレスチナ人

これに対して、イスラエルはガザ地区のハマスに対して何度となく空爆を行った。
さらに撃ち込まれるロケット弾を防ぐためにガザ地区の周囲にコンクリートの壁を築き、数ヵ所の検問所を設置すると事実上ガザ地区を封鎖したのである。
物資や人の出入りも極端に制限されて、住民たちは苦しい生活を余儀なくされた。こうしてガザ地区は〝監獄〟と呼ばれるようになってしまったのだ。
記憶に新しいのは、２０１４年７月の空爆だ。

ガザ地区側からロケット攻撃があり、２０００人以上の死亡者が出た。その中には民間人も含まれている。紛争は8月26日に無期限停戦で合意した。

外務省の「海外安全ホームページ」を見ると、ガザ地区及びその周辺に対して「渡航は止めてください」（２０１７年8月現在）と書かれている。

ただでさえ数が少ない検問所はいつ閉鎖されてもおかしくない状況なので、ガザに入るには相当の覚悟が必要になる。

高い壁の内側では、出口の見えない混乱が今も続いているのだ。

# 不発弾と化学物質が埋まっている村

## ■人が消え森と化したかつての村

フランスというとまずパリの街並みを思い浮かべる人が多いかもしれないが、地方へ足を延ばせば風景が一変する。

広々としたブドウ畑や牧草地など、日本ではちょっとお目にかかれないような景色に出会える。また、おとぎ話に出てくるようなかわいらしい村もある。

こぢんまりとした村は人口も少ないものだが、ロレーヌ地方には住民が１人もいない村が存在する。

ドゥオモン村もそのひとつだ。

現在、ドゥオモンの名でよく知られているのはドゥオモン納骨堂だろう。戦死者の遺骨を納めている施設で、観光客も訪れることができる。

しかし、ここは本来のドゥオモン村ではない。人が住んでいた痕跡などひとつもないうっそうとした森こそが、ドゥオモン村があった場所なのである。

元の村から人々が立ち去ったのは、第1次世界大戦のあとだ。それ以来、住民は戻ることを許されず、ドゥオモン村はうち捨てられたままになっている。

## ■遺体と不発弾がごろごろと転がる

なぜ、ドゥオモン村は廃虚になってしまったのだろうか。

その原因は、ヴェルダンの戦いにある。フランス軍とドイツ軍の両方を合わせておよそ70万人の死傷者を出したとされる、第1次世界大戦の中でももっとも激戦となった戦いだ。

このヴェルダンの戦いによってドゥオモン村も破壊されたのである。

戦争で大きな被害を受けても元通りに再建された村や街は多い。しかし、そうできない事情がドゥオモン村にはあったのだ。

第1次世界大戦では14億発もの砲弾が使われ、そのうちの1割は不発弾になったと

戦闘によって破壊されたドゥオモン村（1916年）

いわれる。

雨あられと砲弾が降り注いだドゥオモン村でも、大量の不発弾が残ってしまったのだ。

そのうえ、戦闘で犠牲になった人々の遺体もごろごろ転がっている。それらの処理が追いつかず、政府は住民を強制的に立ち退かせたのである。

ところが、戦後数十年も経つと立入禁止の森にこっそり忍び込むハンターなどが現れるようになった。

まだ不発弾は残っていて、暴発すれば命を落としかねない。にもかかわらず、彼らは獲物を獲ったり、それを森で保管したりしていたようだ。

しかも、不発弾の脅威は暴発だけではなかった。砲弾に使われた化学物質が長い年月をかけて溶け出し、土壌を汚染し続けていたのだ。

2004年にドイツの研究者が森の土壌を調査したところ、非常に危険なレベルのヒ素を検出したという。

あまりにも危険だということで、フランス政府は2012年にこの地域への立ち入りを完全に禁止した。そうして、立入禁止になった一帯は「ゾーン・ルージュ（レッドゾーン）」と呼ばれるようになったのである。

## ■1万年残り続ける汚染の影響

ドゥオモン村のように無人になった村がロレーヌ地方には6つあり、ゾーン・ルージュに指定された範囲は広大だ。

フランス政府は残った弾薬を取り除き、安全な土地を取り戻す作業を行ってはいる。ただ、危険を伴う作業でもあるためになかなか思うように進んでいないのだ。

今のペースで続けていれば、完全な撤去には700年かかるという計算もある。また、

森と化したドゥオモン村の跡地（Crack Two（http://www.cracktwo.com/2016/01/still-restricted-100-years-later-zone.html）より引用）

水銀や鉛、亜鉛などでひどく汚染された土地は、1万年は影響が残るともいう。

さらに、フランスの砲弾回収協会が破産してしまったため、20ヘクタールのゾーン・ルージュは手つかずのままなのだ。

ゾーン・ルージュ以外でもいまだに人骨や砲弾のカケラが出てくることがある。第1次世界大戦の開戦からすでに1世紀以上が経ったが、戦闘の深い傷跡は今も人々を危険にさらし続けているのである。

# 3章　昔は入れなかった場所

# 南アフリカの白人限定ビーチ

## ■白人のための人種隔離政策

南アフリカ共和国の東部に、ダーバンという街がある。2010年のサッカーW杯では日本代表をはじめ各国の熱戦が繰り広げられた場所だ。

このダーバンのビーチには、かつて奇妙な看板が立てられていた。英語だけでなく地元の言葉でも書かれた内容は、「このビーチを白人専用とする」というものだった。

この看板はダーバン市の名のもとに立てられていた。ダーバン市は条例として、白人以外の海岸への立ち入りを禁止したのである。

当時の南アフリカでは、白人とそれ以外の人種の生活圏が完全に線引きされており、非白人は立ち入ることができない場所が数多く存在していたのだ。人種隔離政策「アパルトヘイト」のためである。

南アフリカ政府がアパルトヘイト政策を始めたのは1948年のことだ。

そもそも、南アフリカはダイヤモンドなどの鉱物資源が豊富な土地で、その資源を手に入れようとイギリスやオランダといったヨーロッパの列強が相次いで進出した歴史がある。

彼らは労働者としてアジアから多くの奴隷をこの地に連れてきた。やがてそうした非白人系の労働者と彼らの子孫はその数を増やしていった。

先住民族の非白人系民族と合わせると、非白人は南アフリカの全人口の8割以上にまで膨れ上がったのだ。

数のうえで圧倒的に不利になった白人たちは恐れをなした。やがて彼らは自分

CITY OF DURBAN
UNDER SECTION 37 OF THE DURBAN BEACH BY-LAWS, THIS BATHING AREA IS RESERVED FOR THE SOLE USE OF MEMBERS OF THE WHITE RACE GROUP.
STAD DURBAN
HIERDIE BAAIGEBIED IS, INGEVOLGE ARTIKEL 37 VAN DIE DURBANSE STRANDVERORDENINGE, UITGEHOU VIR DIE UITSLUITLIKE GEBRUIK VAN LEDE VAN DIE BLANKE RASSEGROEP.
IDOLOBHA LASETHEKWINI
NGAPHANSI KWESIGABA 37 SOMTHETHO WAMABHISHI ASETHEKWENI, LENDAWO IGCINELWE UKUSETSHENZISWA NGAMALUNGU OHLANGA OLUMHLOPHE KUPHELA.
英語・アフリカーンス語・ズールー語で書かれた看板（©Guinnog and licensed for reuse under Creative Commons Licence）

たちの支配を守るために、現地の言葉で「隔離」を意味するアパルトヘイトを開始したのである。

こうして、人口の大半を占める非白人系住民は、国土のわずか1割ほどの狭い地域に押し込められることになったのだ。

南アフリカの街という街は、非白人の立ち入りを禁止する看板であふれかえった。白人専用のレストランに白人専用のマーケット、しまいには白人専用の公園や街頭トイレまで登場した。そのうえ、もしも非白人が白人専用エリアに立ち入ろうものならすぐに逮捕されてしまったのだ。

低賃金の労働にしかありつけず、参政権も奪われた非白人系の住民たちは、身分の回復を求めた抗議運動を繰り返したが、政府は彼らを力で押さえ込んだ。

## ■今も残るアパルトヘイトの闇

この悪法は世界中から非難を浴び、各国は相次いで南アフリカに対して経済制裁を行った。そのため南アフリカは1991年、アパルトヘイト法を廃止するしかなかった。

ダーバンのビーチも、現在ではさまざまな人種の人々が集まる憩いの場所になっている。砂浜でサッカーを楽しむ子供たちの歓声が響くビーチは、ようやく人種の壁が解き放たれたのだ。

とはいえ、50年以上も続いた差別は今でも深い傷跡となって残されている。以前のようにあからさまではないものの、現在でも白人の行く店ではいまだに非白人の姿を見ることは少ないという。

また、アパルトヘイトによって十分な教育を受けることができなかった人々が、満足な職にありつけずに貧困層となり、暴力事件を起こすといった事件も起きている。

人々の心の中に巣くう闇が消え去るのは、もう少し先のことなのかもしれない。

ヨハネスブルグにあるアパルトヘイトミュージアムの入り口は、かつての人種別の入り口を再現している。（©justin and licensed for reuse under Creative Commons Licence）

# 麻薬地帯ゴールデントライアングル

## ■3つの国にまたがる麻薬の一大生産地

タイ北部のチェンライという街から車でさらに北へ90分ほど行った辺りに、メコン川を挟んでタイ、ラオス、ミャンマーの国境が交わる場所がある。その地域一帯を「ゴールデントライアングル」と呼ぶ。

ここは、かつて麻薬や覚せい剤の密造地帯として悪名高い地域だった。一時は、世界に流通するアヘンの約7割がこの地域から流出しているという噂もあったほどである。しかし現在では取り締まりが強化され、タイやラオスでは経済成長とともに麻薬撲滅の傾向にある。

タイでは、1988年から王室による「麻薬根絶計画」が始まった。山岳地帯に住む少数民族の貧困がすべての元凶であるという考えのもと、森林の再生事業などの別

タイ側から見た３国の国境。対岸がラオスで中洲はミャンマー。

の収入源を提供し、同時に水道や電気といった社会インフラの充実などを図ったのだ。

この計画によって、１９９４年にはケシの生産は１００パーセントなくなり、麻薬の使用や売買、隣国への密輸なども劇的に減少したのである。かつてのケシ畑は一気にリゾート地化が進み、高級リゾートホテルも建つほどの観光地になった。

ミャンマー、ラオスとの国境が見渡せる場所には、メコン川を背景に「ゴールデントライアングル」と書かれた看板が用意され、恰好の写真スポットになっている。かつて麻薬の輸送に使われていたメコン川には、ツアーボートの乗り場まであるのだ。

ラオスでも状況は改善されたため、タイ側やラオス側からゴールデントライアングルへのアクセスは比較的簡単になった。

## ■ミャンマーに残る麻薬の影

しかしミャンマーでは、黒い影の存在はいまだに拭いきれていない。

ミャンマーでケシの栽培が始まったのは19世紀からと言われている。中華人民共和国が成立した後に、国を追われた武装勢力がミャンマーの少数民族を抱き込んで半独立国をつくり、麻薬密売を資金源として君臨したのである。その後、一帯ではビルマ共産党やミャンマー軍事政権が入り乱れて闘争を繰り返すことになる。

そんな不安定な情勢につけ込んだのが中国残党武装勢力から独立した人物クン・サで、彼はみずからの軍を率いて独自に麻薬ビジネスを始めた。

このことでアヘン生産が定着し、麻薬生産地ゴールデントライアングルが形成されたのである。クン・サは「麻薬王」として長くこの地に君臨することになった。

そして、そんな情勢に引きずられるように、ミャンマーの山岳地帯の少数民族が住む地域における麻薬がらみの犯罪は、撲滅どころか勢いを増していると言われている。国際的な非難を背景に、ミャンマー軍事政権も麻薬撲滅の立場を表明し、ケシ栽培禁止の法律を定めたが、けっして徹底されてはいない。一時は減った麻薬生産量も、ふたたび増加に転じている。

かつての麻薬王クン・サは2007年に死亡しているが、それに代わる麻薬王がミャンマーの山岳地帯のケシを資金源にホテル経営などの合法的なビジネスを展開しているとも言われている。

危険地帯であるゴールデントライアングルは、本当の意味ではまだ消滅していないのだ。

アヘンを吸うアカ族の男性（1979年）（©John Hill and licensed for reuse under Creative Commons Licence）

# チェルノブイリ原発半径30キロ圏

## ■世界中に広がった放射能

１９８６年4月26日未明、ウクライナ共和国にあるチェルノブイリ原子力発電所４号炉で巨大な爆発が起こった。

原子炉は破壊され、発生した火災はヘリコプターで約５０００トンの砂や鉛が撒かれるまで約10日間燃え続けた。

これが、人類がもたらした最悪の事故、チェルノブイリ原発事故である。

この事故が残した爪痕は想像を絶するほど深い。現在、チェルノブイリを中心として半径約30キロメートルの範囲は、人間が居住することはもちろん、立ち入りも禁止されている。その一帯からは今も放射能が検出され、人間が立ち入れば間違いなく放射能に汚染される。この土地で育った作物も汚染されているので食べることはできな

チェルノブイリへと続く道路に設置されたチェックポイント（©Timm Suess and licensed for reuse under Creative Commons Licence）

い。それだけではない。事故の後、原子炉内から漏れ出した大量の放射能は風に乗って世界中に広がった。

約8000キロメートル離れた日本でも水や母乳から放射能が検出されるほど国境を越えて拡散したのである。

## ■真相は近隣の住人に知らされなかった

しかし、事故が起こった当初は、事態の重大さは一般には知らされなかった。

チェルノブイリ原発のそばには、原発労働者が住むプリピャチという街がある。住民たちは当然事故のことをすぐに知ったが、ただの火災としか思わず、買い物に行ったり公園で遊んだりと、いつも通りの生活を続けた。ほとんどの人は、自分が被曝するなど夢にも思わなかったのである。「身分証明書と3日分の食糧を持って避難してください」という避難勧告が出されたのは翌日の昼間だった。

それを聞いてもなお住民たちは「3日後には帰れる」と信じていた。しかし、再びこの地に戻った人間は1人もいなかった。それどころか、事故から1週間後には原発周辺30キロメートル圏内に住む約12万人の強制避難が始まったのである。

さすがに人々は、これはただごとではないということに気づき始めた。しかしそれはあまりにも遅すぎた。

放射能汚染によって居住不可能になり、地上から消えた街や村は約500と言われる。放射能はまさに不毛の地域を生み出したのだ。

## ■時間の経過とともに明らかになる被害

チェルノブイリを中心にして、1990年頃から子供たちの間で甲状腺ガンの発症率が急増した。原発事故により放出されたヨウ素131が子供たちの甲状腺に蓄積され、被曝した状態となっていたのだ。

事故の際に消火作業や放射能除去作業に携わった人々もまた、大量の放射能を浴びた。彼らはその後ガンや白血病などで命を落としたり、重い火傷や脱毛、発疹などで苦しみ続けた。さらに、彼らの子供たちも同じような健康被害に苦しめられているのだ。

現在、チェルノブイリ第４号炉は鋼鉄製のシェルターに覆われている。（©Cls14 and licensed for reuse under Creative Commons Licence）

事故直後に被曝して亡くなった犠牲者は約50人だが、その後、飛散した放射能の影響で甲状腺ガンを発症した子供は約5000人にものぼると言われる。

そして今後も5000人とも1万人とも言われる人々が、放射能が原因のガンによって死亡すると予測されているのだ。

## ■チェルノブイリは安全になった？

この惨事の結果、半径30キロメートル以内の立入禁止が長く続いていたが、2010年12月、ウクライナ政府により原発付近まで近づくことが許可された。「放射能レベルが低くなったから」というのがその理由である。

しかし、その許可が出された直後の測定では3500ミリシーベルトという放射線量が測定されている。国際放射線防護委員会の2007年の勧告では、平常時における一般人の放射線量の指標を毎時1ミリシーベルト以下と定めているが、これと比べてその安全性は誰が考えても疑わしい。

しかし実際には「チェルノブイリ・ツアー」なるものが企画され、今ではこの恐ろしい災厄の現場を自分の目で確かめる人もいるのだ。

たしかに、人類最悪の事故の現場を自分で見ることも重要である。しかし、20年以上にわたって立入禁止にされてきたことの意味もまた、忘れてはならない。

## ■福島原発で起きたレベル7の事故

　こうした事故の恐怖がけっして他人事ではないことを証明する惨事が我が国で起こった。２０１１年3月11日に起こった東日本大震災による福島第一原子力発電所の事故である。

　マグニチュード9という大地震と、それに伴う大津波が原子力発電所を襲い、炉心融解、水素爆発という最悪の事態を引き起こした。

　予想もしなかった事故のためにその処理も混乱し、結果的に大量の放射性物質が外部に放出されたのである。

　この事故は、国際原子力事象評価尺度ではチェルノブイリと同じ最悪の「レベル7」になった。しかし、その惨状はチェルノブイリを上回るという見方もある。

　大量の放射性物質により大気や土壌、海洋の放射能汚染が進んだ。立入禁止となった原発の半径約20キロ圏内を越えて汚染地域は広がり、関東地方でも放射能が検出されている。

　また、放射能に汚染された飼料を食べた肉牛が各地に出回り出荷停止になるなど、国民全体の日常生活にも影響が広がっているのだ。

じつは、これと似たようなことがチェルノブイリでも起こっている。居住禁止区域に生息するヘラジカの体内の放射性物質レベルが現在でもかなり高いことがわかっているのだ。

草食動物が食べる地衣類やキノコ類などの植物は、特に放射性物質を溜めこむ性質を持っているためだ。このことから、今もなお20年前の放射性物質の脅威が減っていないことがわかる。

日本でも、同じことが起こるのではないかと懸念されている。

地震から5ヵ月後の8月になって政府は、高濃度汚染地域に住む人々の避難が長期にわたる可能性が高いことを正式に認めた。つまり、該当地域の住民が我が家に戻ることができる保証は今のところないに等しいのだ。

チェルノブイリの教訓を十分に活かすことができず、我が国で起こってしまったこの最悪の事態の推移を世界中が注目している。

# 地図から消えた大久野島

## ■戦時中は地図から消えていた島

広島県中南部、芸予諸島のひとつに大久野島という島がある。周囲4キロメートル、面積0・7平方キロメートルの小さな島で、瀬戸内海に面した竹原市の忠海港からフェリーに乗ると15分ほどで着く。

現在は野生のウサギがたくさんいる場所として知られ、観光客に人気ののどかな場所だ。

ところが、この島には暗い過去がある。「存在しない島」として地図からも消されていた時期があるのだ。

この島には、かつて3家族が暮らしていたが、島民たちは強制的に退去させられてしまった。

命令したのは軍部である。いつ戦争が始まるかわからない不穏な時代に、軍部がこの島をある目的のために使用することを決めたためだ。

1929（昭和4）年、この島に建設されたのは毒ガスの製造工場だった。瀬戸内海のこの小さな島は、恐ろしい殺人兵器を作る場所として選ばれ、1937（昭和12）年には約400人が毒ガス製造に従事していたと言われる。

しかし、毒ガスを使った兵器の使用は国際法で禁止されていたため、毒ガス製造も秘密裏に行わなければならない。そのためにこの島は「存在しないもの」とされ、地図からも消されてしまった。

存在しない島には誰も行くことはできない。まさにこの島は、関係者以外は完全に立入禁止になってしまったのだ。

## ■戦時中は毒ガス工場だった

この島で製造されていたのは、イペリット、クシャミガス、青酸ガスなど、どれも毒性の高いものである。しかもその総生産量は約6600トンという途方もない量だっ

かつて毒ガスが置かれていた長浦貯蔵庫

たと言われている。

　工場で働いていた人々は、自分たちが何を作っているかは知らされなかった。しかし毒ガスによる障害に苦しめられる人が多く、後に工場がなくなってからもガンなどの恐怖に脅えながら生活しなければならなかったのだ。

　第２次世界大戦後は、アメリカ軍によって施設の一部が破壊され、毒ガスは海中に投棄されたり地中に埋められたり、さらに焼却処分されたりした。

　また、工場の跡地はアメリカ軍が接収して弾薬庫として使われていた時期もあった。

　その後、島にはホテルやビジターセン

ターが建てられ、今では観光客が訪れるようになった。野生のウサギの姿を見ると、この島で恐ろしい兵器が作られていたことなど想像もできないだろう。

## ■島に残る危険な残骸

しかし、現在でも毒ガスを製造していた頃の名残を見ることはできる。たとえば、当時の工場の機械を動かしていた発電所の建物はそのまま残っている。この小さな島に発電所が8ヵ所もあったというから、いかに大規模な工場だったかがわかるだろう。

ほかにも砲台の跡があるが、これは実際に砲台として使われるよりは毒ガスの原材料を置く場所として使われていた。

これらの建物は特に保存されることもなく、風化するにまかせている状態となっている。立入禁止になってはいるが、観光客の中には近くまで行ってしまう人もいるという。ただし残留化学物質が残っている可能性もあるので、建物にむやみに手を触れるべきではない。

実際、1996年に行われた調査で、土壌から最大環境基準値の約400倍ものヒ

廃墟になった発電所（©Sveagal and licensed for reuse under Creative Commons Licence）

素が検出されたため、一部立入禁止になった。

その後も発煙筒など、かつて毒ガス工場があった時代の遺物がいくつか発見されている。

もちろん汚染土壌は除去処理され、発見されたものは埋め戻されるなどして安全は確保されている。

しかし、この島の暗い歴史を物語る証拠は、今も見えない形で残されているのである。

現在は毒ガス資料館が造られ、かつて地図から消されていた悲惨な時代のことを今に伝えている。

# 拷問部屋に泊まれるホテル

■ 入れるとしても入りたくない？

廃校になった学校の建物を改装した宿泊施設なら日本にもあるが、海外に実在するホテルに比べればまだまだ可愛いものだ。世界の多くの国には、元刑務所だったホテルや元拷問部屋に泊まれるホテルなどがあり、かつては一般の人が立ち入ることができなかった場所に泊まることができるのだ。

たとえば、ポーランドにあるヨアンニトゥフ城は、14世紀に建てられた建物を利用した古城ホテルだ。

湖畔にたたずむ古城は第2次世界大戦の戦火も奇跡的に免れていて、当時の重厚な雰囲気をホテルやレストラン、カフェで味わうことができる。

こうした古城ホテルは、ヨーロッパではよく見かけるから利用したことがある人も

ヨアンニトゥフ城ホテルの客室の窓には鉄格子がついている。（©geo573 and for reuse licensed under Creative Commons Licence）

いるかもしれない。

ただし、このヨアンニトゥフ城ではかつて実際に拷問が行われていたという部屋に宿泊することができる。

実際にホテルのホームページを見てみると、スイートルームやダブルルームの説明に混じって、「Ｔｏｒｔｕｒｅ Ｒｏｏｍ（拷問部屋）」という文字を見ることができる。

部屋の説明には、テレビやバスルームといった近代的なホテルの設備が完備されているばかりか、壁には拷問道具がぶら下がっているという一文を見ることができるのだ。

この部屋で拷問を受けたのは、捕えた

捕虜か、はたまた謀反を企てた家来か……。宿泊代は日本円で5000円ほどとあるから、金額的には思ったよりも気軽に泊まることができそうではある。

## ■世界の変わったホテルいろいろ

かつては刑務所として使われていた巨大な建物を改装したホテルも、アメリカやヨーロッパをはじめ、アラブやアフリカにも点在している。なにしろ多くの囚人が服役していた元刑務所だけに、〝客室〟だけは豊富にあるのだ。

たとえば、カナダのオタワには「Ｊａｉｌ（牢獄）」と名のつくユースホステルが存在する。

ユースホステルだけに格安で利用できるとあって、学生やバックパッカーに人気のこのホテルでは、利用客はさながら囚人気分を味わうことができる。

扉には鉄格子がはめられ、室内には囚人が利用していたかのような簡易ベッドが据え付けられている部屋もあるなど、刑務所時代の設備がほとんどそのまま使われているのだ。まさに究極の再利用ホテルである。

その一方で、トルコのイスタンブール中心地にあった刑務所にいたっては、その立地が評価されたのか世界的なホテルチェーンであるフォーシーズンズホテルの資本が入り、現在では超高級ホテルに生まれ変わっている。

かつての室内の様子。壁面に甲冑や銃などが飾られている。（写真：ヨアンニトゥフホテル公式サイトより引用）

実際にホテルの案内にも、「刑務所を改築した」と説明書きはあるが、その外観を見ただけでは、100年以上現役の刑務所として使われてきたとは信じられない美しさだ。

海外旅行に出かけてふつうのホテルに飽きたら、こうしたちょっと風変わりなホテルを狙って宿泊してみるのも旅の土産話にはいいかもしれない。

数々の拷問が行われていた場所で、わざわざお金を払ってまで一晩過ごしたいという強者は一度試してみてもいいだろう。

ただし、その場所でかつて何が行われていたのかだけは、くれぐれもお忘れなく。

# パンダが住む中国の自然保護区

## ■中国最大の広大な自然保護区

2011年、久々に上野動物園に2頭のパンダがやってきた。日本名はオスが「リーリー」、メスが「シンシン」だ。ともに6歳で、人間でいえば20歳ぐらいの年頃だという。

この2頭は、「臥龍中国パンダ保護研究センター」という中国のパンダの研究機関で生まれた。ここは、謎の多いパンダの生態研究と、人工的繁殖によって個体数を増やすプロジェクトを担っている機関だ。

このセンターがあるのが「臥龍自然保護区」で、1963年に設立された中国最大の自然保護区だ。

場所は、中国の中央部にある成都という街から約130キロメートル、山岳道路を車で3時間ほど行ったところにある臥龍という地域だ。標高2500メートルの高地

厳重な警備のもと移動させられる臥龍のパンダ（写真提供:AFP ＝時事）

のため、一部は足元が危険なほど急斜面になっている。

約4000種の植物や珍しい生物が生息している大自然の宝庫で、2006年には世界遺産にも登録された。

希少動物であるパンダは世界中に推定1600頭あまりしかいないと言われ、絶滅危惧種に指定されている。生息域はチベット高原の東端に接する中国北部から南部にかけての山岳地帯に集中している。

中国政府は、そこに30ヵ所以上のパンダ保護区を設けることによってパンダの生息域の60パーセントを保護しているのだ。

臥龍自然保護区には、世界のパンダの約10パーセントにあたるおよそ150頭が生息している。山奥ながら多くの人々が訪れる観光地になっており、研究センターにいる60頭以上のパンダと触れ合うことができる。

## ■四川大地震によって立入禁止になる

臥龍自然保護区が立入禁止になったのは、2008年5月に起こった四川大地震のときだ。震源地に近く、30人が重傷、70人が軽傷を負うという大きな被害を受けた。

当時センターにいた研究員によれば、山から巨大な岩石と土砂が川になだれこみ、同時に砂埃が空を覆い、目を開けていられないほどだったという。

「パンダ苑」と呼ばれる飼育所には泥水があふれ、建物は崩壊し、落石によって道路が塞がれ、観光客と飼育員は4、5日の間保護区内に閉じ込められる事態になった。

飼育されていたパンダは臥龍での飼育が困難と判断され、一時はさまざまなパンダ研究センターに分散されたが、現在は新しい保護センターができて戻っている。そして、震災によって破壊されたパンダ生息地は、修復と共にさらに広げられている。

## ■密猟者やさまざまな問題との戦い

地震によって崩落した臥龍自然保護区への道の復旧作業を進める作業員たち。

しかし、パンダをとりまく環境は良好とは言えない。昔から続く不法な森林伐採や密猟などの問題が解決できないためだ。

もともと現地で生きてきた人たちにとっては、森林伐採は生きる術なので、やめろと命令されて簡単にやめられるものではない。

また密猟もなかなか減らず、1992年頃には、臥龍自然保護区を1日パトロールするだけで70個もの罠が回収されている。

1997年以前はパンダを密猟すれば死刑か終身刑だったが、それでも密猟は後を絶たなかった。それだけ高値で毛皮が売れるということなのだろう。現在は密猟の罰は20年の懲役刑になっている。

そのうえ最近では、いわゆる近親婚のように、遺伝子の近い親同士から生まれたパンダが多くなりつつあることや、主食の竹の生育不良など、新しい問題も出てきている。

これらを解決するために、臥龍自然保護区ではさまざまな取り組みが行われている。なかでも代表的なのが、バラバラに点在していたパンダの保護区を自由に行き来できるよう「緑の回廊」で繋げるというものだ。

研究によって、飼育下よりも野生のほうがパンダの繁殖率が高いことがわかってきたため、より包括的に自然を管理しようというのである。

野生のパンダを守るために人間ができる一番効果的なことは、これ以上彼らの生息域を脅かさないことなのかもしれない。

# 赤線時代の新宿二丁目

## ■にぎやかな街の意外な過去

眠らない街・歌舞伎町をお膝元に抱える新宿は、東京を代表する繁華街のひとつだ。

JR、私鉄、地下鉄など多くの路線が乗り入れる新宿駅は、1日の乗降客数が360万人を超えると言われていて、世界一利用者の多い駅としてギネスブックに認定されたこともある。

そんな新宿にあって、新宿二丁目エリアはとりわけ異彩を放っている。〝二丁目〟といえば、全国的にも一大ゲイタウンとして知られている場所だ。

ところがこの一帯には、昭和30年頃まではまったく異質な空気が流れていた。新宿二丁目はいわゆる「赤線地帯」で、娼婦たちが客を取っていたのである。

そもそも、今の新宿の地に宿場街が開かれたのは江戸時代初頭のことだ。

当時は「内藤新宿」と呼ばれたこの地には多くの旅籠や茶屋が建てられ、そこで飯盛女と称して客の相手をする女性を働かせるようになった。これが新宿が色街になった起源だと言われている。その後、明治時代には遊郭が立ち並び、新宿は当時の東京府から公的に認められた色街のひとつになったのだ。

しかし、1906（明治39）年になると新宿御苑ができ、皇族も立ち寄るこの庭園の近くに一大歓楽街があることが問題になる。

こうして新宿の色街は大正に入ってから、ちょうど今の新宿二丁目のあたりに移転することになった。

## ■赤線地帯として栄える

かつての日本には公娼制度が存在していた。古くは江戸幕府、その後は明治政府によって指定された地域であれば、堂々と売春行為をビジネスとして行うことができたのである。新宿もそんな場所のひとつだった。

この制度は第2次世界大戦後に日本を統治したGHQ（連合国軍総司令部）の命令

もあって廃止されている。

しかし、このときに廃止されたというのはあくまで表向きの話だった。実際は私娼、つまり彼女らが自分たちの意思で売春を行うことを日本政府は黙認して、娼婦たちはかつての遊郭があった場所でそのまま売春を続けていたのである。

昭和26年頃の新宿2丁目は赤線地区だった。

無法地帯と化した色街ではトラブルも絶えず、所轄の警察ではこの要注意エリアを地図の上で赤い線で囲むようになった。

これが「赤線」とか「赤線地帯」と呼ばれるようになった由来で、赤線とはもともとは警察内部で使われていた隠語だったのだ。

目に見えない赤いラインで囲まれた新宿二丁目は、台東区の吉原や墨田区の玉の井と並ぶ東京の代表的な赤線地帯として、男たちの欲望を満たす場所となった。その一方で、庶民からは縁遠い場所になっていったのである。

## ■現在とはまったく違った「カフェー」

当時、売春が行われた店は、形式上「飲食店」としての認可を受けていた。そのため、店は「カフェー」、さらにそこで働く女性たちはウェイトレスを意味する「女給」と呼ばれるようになったのである。

ところがその実態はといえば、かつての遊郭がカフェーに、そこで働く遊女が女給と名前を変えただけの話だった。

店の前に立ち、行き交う男たちに意味ありげな視線を投げかける――。そんな女性たちを写した当時の二丁目の写真は何枚も残されている。

カフェーという名前のように、店には客が食事をしたりお茶を飲んだりできるちょっとしたスペースがあったが、もちろん客の目的はそんなことではない。

男たちは接待にくる女性の品定めをして、気に入れば連れ立って店の奥や2階に用意された個室に消えていく。これが一般的なカフェーのシステムだった。

中にはダンスホールを備えた店もあり、華やかな雰囲気で男たちを楽しませた。

また、閉ざされた空間である赤線地帯では、梅毒などの性病が蔓延することが何よりも恐れられた。そこで、各地の赤線にはそれぞれ診療所が併設され、カフェーで働く女性は性病検査が義務づけられた。

新宿三越裏のカフェー街（昭和６年）

## ■再び男性たちの街になった二丁目

赤線地帯は戦後10年以上も続き、東京オリンピック開催の直前である１９５７（昭和32）年に施行された「売春防止法」でようやく正式に廃止されている。こうして、江戸時代から続いた新宿の色街の歴史もその幕を閉じたのだ。

このときカフェーで働いていた女性の数は全国でおよそ12万人に上ったという。ほんの50年ほど前まで、多くの女性たちが売春によって生計を立てていたとはにわかに信じがたい話である。

その後、かつてのカフェーは連れ込み旅館や飲み屋などになっていったが、いつしかポツリポツリと出始めた空き店舗にゲイバーが進出するようになり、しだいに現在の一大ゲイタウンが形づくられていった。二丁目が時を経て再び〝男〟たちの集う町になったというのも不思議な因縁である。

新宿二丁目の一角、新千鳥街には今でも赤線時代の建物が残っている。

客の目を引くために派手な色に塗られた外壁や、奇抜な形の窓やドアを配した建物は「カフェー建築」と呼ばれるもので、この場所がかつて赤線地帯だったことの生き証人と言えるのだ。

# 4章　選ばれた人だけの場所

# コカ・コーラのレシピ保管庫

## ■たった1枚しかないレシピの紙

ほろ苦さと甘さが楽しめる独特の味わいで人気のコカ・コーラは、今では世界の200以上の国で販売されるようになった。毎日18億本というとてつもない量のボトルが売れているという。

コカ・コーラは20世紀最大のヒット商品と言われるが、20世紀どころか有史上もっともヒットした商品のひとつといっていいだろう。

海外に出かけてもたいていの街で飲むことができるその黒い炭酸飲料は、1886年5月にアメリカ南東部のジョージア州で誕生し、120年以上経った今でも発売当初の味をかたくなに守り続けている。いったいどんなレシピをもとに作られているのだろうか。

コカ・コーラのレシピが入っている保管庫（写真提供:AP/ アフロ）

じつは、コカ・コーラの門外不出のレシピを記した紙はこの世にたった1枚しか存在しないと言われている。

そしてその紙は、ジョージア州の州都であるアトランタにあるワールド・オブ・コカ・コーラ博物館の保管庫に、ぶ厚い鋼鉄の扉といくつもの防犯カメラに守られながら厳重に保管されているのだ。

## ■絶対にメモできないようにする

1886年、薬剤師のジョン・ペンバートンという人物が、南米でお茶として飲まれていたコカの葉やアフリカの熱帯雨林で採れるコーラの実を配合して作ったのがコカ・コーラだ。

彼は甘い香りのするそのシロップを地元の薬局で疲労回復や頭痛をやわらげる健康ドリンクとして売り始めた。

そのうちに飲みやすいよう炭酸水で割ったものを1杯5セントで売ることを思いつき、それが人気に火を点けることになった。

原料として使っていたコカの葉に含まれているコカインが法律で禁止されたためレシピから取り除かれ、その調合法は1888年に薬剤の製造や販売をしていたエイサ・キャンドラー氏に引き継がれる。

彼はコカ・コーラにヒットの匂いを感じたのだろう、コカ・コーラ社を創業すると大量生産ができるように製造工程を見直し、大々的に宣伝を行った。

こうしてコカ・コーラはわずか数年でアメリカのすべての州で販売される大ヒット商品となったのだ。

やり手の事業家だったキャンドラー氏はコカ・コーラの製造に関する特許を取得し、また商標登録をするとライバル社が類似品を世に出せないよういち早く手を打った。

さらに万が一の情報漏れを恐れ、そのレシピは社のトップシークレットとし、絶対に紙にメモをしないよう社員に徹底させたのである。

レシピを記した唯一の書類も、地元銀行から融資を得るための担保として銀行の地下金庫に保管されることになった。

こうしてコカ・コーラ社は代々その製法を守り、詳細は今でも2人の幹部しか知り得ない機密事項になっているという。

しかも、万一の事故などに幹部が2人同時に巻き込まれないよう、彼らは常に別行動をとっているという話までささやかれているのである。

ワールド・オブ・コカ・コーラ博物館。この地下に秘密のレシピが眠っている。（©slayer）

## ■強固なセキュリティに守られた保管庫

創業125周年を迎えた2011年、コカ・コーラ社は本社ビルが建つアトランタにワールルド・オブ・コカ・コーラ博物館を建設した。このとき、銀行に眠り続けていたレシピの書類も保管庫ごと博物館に移している。

博物館にある保管庫を設置した部屋は、じつは保管庫の目と鼻の先までは誰でも立ち入ることができるようになっている。しかも部屋の扉にはコカ・コーラのボトル型の鍵穴までついている。

しかし、保管庫は何台もの防犯カメラや指紋認証、暗証番号など強固なセキュリティシステムに守られているため絶対にその中に入ることはできない。

とはいえ、こうしてレシピの保管庫をあえて人目にさらしているのは、話題づくりを狙ったコカ・コーラ社のたくみな演出のひとつなのかもしれない。

# 今も空海が暮らす高野山の奥之院

## ■空海は今も生きている？

近頃、若者たちの間で仏像鑑賞やお遍路さんがブームになっている。長びく不景気や不安定な社会の中で、人々は癒しを求めて仏教にたどりついたのかもしれない。そんな仏教人気の中、高野山にも人が集まっているようだ。

高野山といえば、弘法大師（空海）が開いた真言宗総本山金剛峯寺があることで知られている。

816年に厳しい修行の場として開かれたこの場所は、日本の仏教の聖地となっている。

高野山とは、そこにある標高約1000メートルの山々の総称であり、一帯には117もの寺が密集している。

至るところが寺の境内であることから「一山境内地」と呼ばれ、高野山全体が寺と捉えられている。

そして、弘法大師は、この高野山にある「奥之院」で今もまだ生きていると言われているのだ。

現実的にはありえない話だが、少なくとも高野山では、弘法大師は亡くなっておらず、奥之院のさらに奥にある「御廟」でまだ修行を続けているというのである。

## ■御廟に入れるのは世界でただ1人

御廟は、一般の参拝者はもちろん、奥之院の僧侶でさえ入ることが許されない場所だ。ところが唯一入ることを許されている者がいる。それが奥之院の「維那」と呼ばれる僧侶である。

維那は毎日、弘法大師に衣服と朝夕2回の食事を給仕する役目を担っているのだが、中の様子は親兄弟にも他言することは許されておらず、僧侶同士でもけっして語ることができない。御廟の中のことは、代々維那を務めた人間しか知ることができないの

奥之院への入り口「一の橋」（©Reggaeman and licensed for reuse under Creative Commons Licence）

である。

ただ、司馬遼太郎の『空海の風景』（中央公論社）の中に、空海のいる部屋についての記述がある。

古い書物だが、それによると、廟の建物の地下に180センチメートル四方の石室があり、そこに空海の即身仏が安置されているという。

## ■1200年以上続く空海の覚悟

弘法大師は、774年に香川県で生まれている。本名は佐伯真魚といい、19歳で出家し、22歳のとき空海と名を改めた。

その後、彼は遣唐使の第一船に便乗し、

当時の中国にあった唐の国でも修行をしている。

驚異的なスピードで密教を学び2年後に帰国した空海は、学び得た真言密教を国内で広めるため、高野山に根本道場を造った。43歳のときである。

入定（石室の中で瞑想に入ること）したのは62歳のときだ。限りある肉身で生きるより、永遠に修行を続けながら人々を救おうと決意したのである。

即身仏となった体は、入定から50日目に空海自身が定めた決まりに従って、弟子たちの手で奥之院の御廟に移し納められたとされている。

「弘法大師」と呼ばれるようになったのは、のちに醍醐天皇からその諡号（生前の行いを尊んで贈る名前）を賜ったときからである。

その報告のために高野山に向かった観賢という高僧が、奥之院の御廟を開け、彼を見たと言われている。

その姿があまりにも生き生きとしていたことから「今も生きて禅定（修行）し続けている」と信じられるようになったとの説がある。

ちなみに、御廟がある奥之院までは、表参道の入り口にある「一の橋」から約2キロメートルだ。

まっすぐなその参道の両脇は、樹齢千年という老杉の木立があり、その足元には20万基を超える墓石や記念碑、慰霊碑がやや窮屈そうに並んでいる。少しでも弘法大師のそばに、と願う人々の思いがその光景を生んでいると言えるのだ。

弘法大師の入定から1200年が経とうとしているが、今後も奥之院の御廟は維那以外の一切の立ち入りを禁じ続けることだろう。

高野山の僧（©Jim Harper and licensed for reuse under Creative Commons Licence）

# アボリジニの聖地ウーメラ

## ■気軽に立ち入れない広大な砂漠

南半球の楽園と言われるオーストラリア。その南部にウーメラという砂漠地帯がある。赤茶けた大地がどこまでも続くこの地には、これといった観光の目玉もなく、お世辞にも観光客でにぎわう場所とは言えない。

そんなウーメラが一躍脚光を浴びたのは2010年のことだ。この年の6月、地球から約3億キロ離れた小惑星イトカワの調査を終えた小惑星探査機はやぶさが7年という長い旅を終えて地球に帰還したことは記憶に新しい。このはやぶさが、宇宙の彼方から持ち帰ったサンプル入りのカプセルの着陸地点がウーメラだったのである。

ところが、このウーメラは少々ワケありの場所だった。

広大なウーメラ砂漠は、オーストラリアの先住民であるアボリジニたちにとって聖

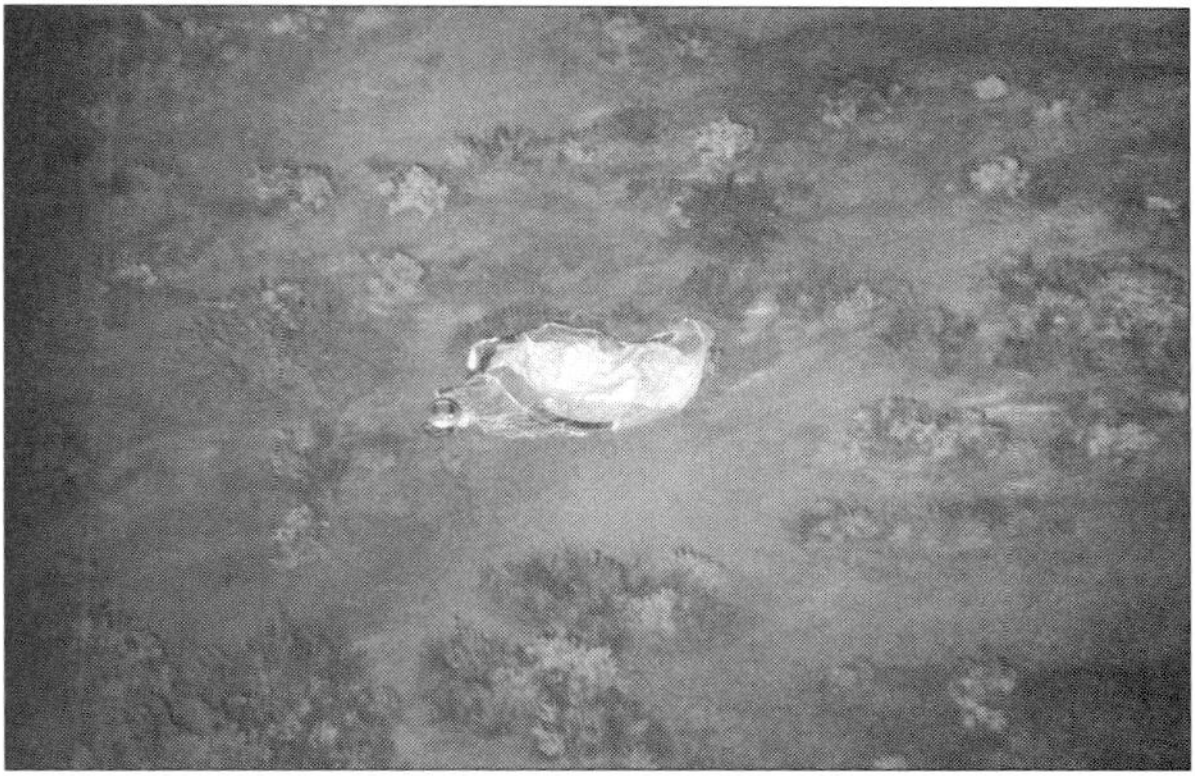
ウーメラの砂漠で発見されたはやぶさのカプセルとパラシュート（写真提供：宇宙航空研究開発機構（JAXA））

地とされている場所なのだ。

もともとこのウーメラはアボリジニのコカサ族の土地で、彼らは代々さまざまな神話や伝統を受け継ぎながらこの土地で暮らしていたのである。

さらに、オーストラリア軍の軍事実験を行う基地や飛行場などもあることから、ふだんは一般の人の立ち入りが制限されている区域でもあるのだ。

この立ち入り制限区域には唯一、一般の車両が通行を許可されている幹線道路のスチュアート・ハイウェイがあるが、それでも道路から少しでも外れて制限区域に入ることは厳しく禁止されている。

ちなみに、オーストラリア大陸で5万

年以上前から生活してきたアボリジニの人々は、狩りをする道具としてブーメランや槍を使っていた。このとき、槍をより遠くに、正確に投げるために使っていたのが「ウーメラ」と呼ばれる投槍器なのである。

〝飛び道具〟であるウーメラの名前に由来する土地に、飛行機の実験施設が建てられたのも何かの因縁だろうか。

## ■カプセル回収にアボリジニが立ち会う

2010年6月13日の夜、はやぶさから切り離された直径わずか40センチメートルほどのカプセルは、パラシュートでゆっくりとウーメラに着陸した。

カプセルの着陸が予想された時間にはスチュアート・ハイウェイも閉鎖され、ウーメラ一帯は正真正銘の立入禁止エリアになったのである。

間もなく回収作業が始まったが、作業にはJAXA（宇宙航空研究開発機構）のスタッフを中心とした日豪総勢50余人の回収部隊が当たった。

当然、この制限区域に入るにはオーストラリア当局の許可を得る必要があったばかりか、作業にはアボリジニの代表者も立ち会っていたのだ。

作業に先立って、ヘリコプターにアボリジニの代表者を乗せてカプセルの落下地点の状況を確認してもらうと、そこで改めて聖地で作業を行う了解を得たという。

こうして現地の人々に配慮しながら、はやぶさのカプセルは無事に回収された。

ウーメラをつけた槍を持つアボリジニ（1900年）

## ■豊富な資源が期待を集める

ところで、はやぶさが観測に成功した小惑星イトカワには、カプセルを回収したウーメラにちなんで「ウーメラ砂漠」と名づけられた盆地がある。

地球から約3億キロの宇宙空間にあるこの場所こそ、人が降り立つことのできない究極の立入禁止エリアなのかもしれない。

その一方で、オーストラリアのウーメラでは近年、立ち入りの規制緩和を求める声が強まっている。

九州の4倍の広さがあるウーメラ立ち入り制限区域の一帯には鉄鉱石や金、ウランなど豊富な鉱山資源が眠っていると推定されていて、仮に鉱山開発が認められれば数百億ドルもの資源を掘り出すことができると言われているからだ。

半世紀以上立入禁止にされてきた広大な砂漠地帯は、今後どうなっていくのだろうか。

# 神が住む聖域の島・大神島

## ■地元の人は「神の島」と呼ぶ

太古の昔から、神聖な儀式のとき以外は立ち入ることができない「聖域」は各地に存在する。日本国内にも、地元の人々から崇められ、ときに畏れられている聖域はいくつも残っている。

なかでも、集落以外の多くの場所が聖域とされ、立ち入りが厳しく禁じられているのが、沖縄の宮古島の北にある小さな島、大神島だ。

古くから地元の人々に「神の島」と呼ばれているこの島では、現在も島外の人が見学することは許されていない〝秘祭〟が行われている。

人々を遠ざけるこの離島には、いったい何があるのだろうか。

## ■住む人が少しずつ減っている

沖縄本島から南西に300キロメートルほど行った海上には、大小合わせて8つの有人島が点在している。距離的には日本の本土よりも台湾のほうがはるかに近いこれらの島々が宮古諸島だ。

1年を通じて温暖な気候で、サトウキビの生産が盛んに行われているこの宮古諸島のひとつが、大神島なのである。

周辺の島の中でももっとも小さいこの島へは、宮古島からの定期船で行くことができる。観光客でにぎわう宮古島からわずか15分という距離にもかかわらず、大神島はまったく異質の雰囲気を漂わせているのだ。

大神島は周囲約2キロメートルと徒歩でひと周りできてしまうほどの小さな島だ。

近年は過疎化が進んでいて、島民の数は現在では30人ほどにまでなってしまった。台風に耐えられるようにコンクリートで造られた古い家屋が並ぶ島のメインストリートを歩いていても、人とすれ違うことはほとんどない。

左が大神島、中央上部は宮古島、下は池間島（©Paipateroma and licensed for reuse under Creative Commons Licence）

## ■島の女性たちだけで行われる秘祭

大神島という名前には、「一番尊い神が鎮座する島」という意味が込められている。

その名が表す通り、島の人たちでも立ち入ることができない聖域がいくつも存在しているのだ。

この聖域に関しては、こんな伝説がある。

昭和の初頭に、島のどこかに海賊の秘宝が隠されたという噂が流れたことがあった。世界中の海を荒らしまわったと言われるキャプテン・キッドが財宝を隠したと伝えられた島の位置が、ちょうどこの大神島と重なったのだ。

話を聞きつけ一攫千金を夢見た人が本土や宮古島から島を訪れ、ついに島の聖域にも足を踏みこんでしまう。

すると、工事のために島に持ち込んだ重機が急に動かなくなったり、原因不明の病にかかって謎の死を遂げる人が続出するなど、不思議な出来事が多発したのだ。

人々は震え上がったのだろう、その後は聖域を侵そうという人はいなくなったという。

さらに、旧暦の6月から10月に島で行われる「祖神祭（ウヤガン）」は沖縄一帯でも特に奇祭と言われていて、島外の人が見学することができない。

そればかりか、男子禁制の伝統行事で、祭りは女性だけで執り行われている。たとえ家族であっても祭りの詳細は明かされることはないという神聖な儀式なのだ。

祭りでは、カウスと呼ばれる木の葉で編んだ帽子のようなものを深々とかぶった女神役の女性たちが、手に木の枝や杖を持って円陣を組んではフサ（神歌）を歌い踊って集落を祓い清める。彼女たちの姿は、まるで島を守る精霊のようだ。

ちなみにこのウヤガンなどの神事が行われる間、女性たちは遠見台と呼ばれる島の

大神島の遠見台へ続く階段の入口（takerunosuke / PIXTA（ピクスタ））

高台に籠っている。そのため、高台はもちろん立ち入りが禁じられた聖域になる。

じつはこの遠見台は、ふだんは四方に大海原を見渡せる絶景スポットとして島の観光名所になっているのだ。

もしも大神島を訪れることになったら、こうした聖域への立ち入りはくれぐれも注意していただきたい。

# 男性の修道士以外は入れない国

## ■治外法権を持つ特殊な国

ギリシャの北東部、青く輝くエーゲ海に突き出た半島に、険しく切り立った標高2033メートルの山がそびえている。それが「アトス山」である。

ここはキリスト教の一大宗派である正教会の聖地だ。

正教会とは「ギリシャ正教会」（東方正教会）のことで、ロシアや中東・東欧を中心とする15の自立教会の連合体で成り立っている。

キリスト教は11世紀に東西に分裂しているが、このとき、西方の「ローマ・カトリック教会」に対して東方の「正教会」として発展したのがこのギリシャ正教会である。

現地でアトス山は聖なる山の意味を込めて「アギオン・オロス」とも呼ばれている。

1988年にはユネスコの世界文化遺産にも登録された。

山の急斜面に建つ教会（©Fingalo and licensed for reuse under Creative Commons Licence）

一帯には正教会の宗教施設が点在しており、「アトス自治修道士共和国」として存在している。

ここに暮らす者は、黒衣に身を包み、正教会の戒律を守り、ほぼ自給自足で祈りを捧げる日々を送っている。

ギリシャ政府からは治外法権も認められ、世俗とはまったく異なる時間が流れる、きわめて特殊な場所なのだ。

## ■東ローマ皇帝のお墨付き

アトスの歴史については不明な部分が多いが、伝承では紀元49年、旅の途中で嵐に遭った生神女マリア（聖母マリア）

がアトスにたどり着き、あまりの美しさに聖地としたのが始まりとされている。

実際に修道士たちが住みつくようになったのは7～8世紀頃のことで、最初はわずかな人数だったが、やがて小さな共同体に発展し修道院などが建てられていった。

9世紀には、ビザンチン帝国の首都コンスタンチノープルで開かれた公会議にこの地から修道士が参加したという記録も残されている。

さらに同時期には、東ローマ帝国の皇帝から「アトス山は修道士たちの領土である」というお墨付きも出されたというから、その歴史は少なくとも1000年以上はあるとみなされるだろう。

最盛期は50近くあったが、焼失などにより現在は20の宗教施設がある。なかでも、もっとも古いメギスティ・ラヴラ修道院は10世紀に建設されたものだ。その中には正教会の自立教会である、ロシア正教会やブルガリア正教会などの修道院もある。

## ■メスは動物さえ入れない

アトスの人口はおよそ2000人だが、わずかな護衛を除く大半が修道士で、彼らは「静寂主義」と呼ばれる考え方を基にしたストイックな暮らしを送っている。電気や水道が通ったのもごく最近のことだ。

そのため、この地には観光気分のまま気軽に立ち寄ることはできない。特に女性は1406年から約600年にわたって入山禁止とされている。しかも、その対象は人間のみならず動物のメスにまで及ぶという。

メギスティ・ラヴラ修道院（©Mätes II. and licensed for reuse under Creative Commons Licence）

女性の存在は修道士の修行の妨げになるのだろうが、では男性なら入山は容易なのかというとそんなことはない。

信者は優先されるものの、ギリシャ人であろうと外国人であろうと入山にはいずれも事前申請による許可が必要で、一度に入山できる人数も滞在日数も厳しく制限されている。

アクセスは船のみで、断崖の麓からバスと徒歩でようやく入山できるのである。

過去にはフランス人の女性ジャーナリストが男装して船で上陸を試みたことがあったが、あっという間にバレて失敗に終わったという逸話も残されている。

ちなみに女性の入山は、ギリシャの法律で最長禁固2年の刑罰と定められているというからいかに厳格かがわかるだろう。

最近では物珍しさからか外国人の訪問客が増えているが、修道士たちは以前と変わらず、他国とはまるで違う世界を生きるかのように粛々と祈りの日々を過ごしているのである。

# 富士山のふもとにある自衛隊演習場

## ■実弾が使われる演習場

地震や風水害など大規模な災害が起きたときに、救助活動をする自衛隊員の姿を見たことがある人は多いだろう。

自衛隊が出動するのはそのような過酷な状況が多いが、彼らはそれに立ち向かえるよう日々訓練に励んでいる。

隊員が訓練を行う演習場は、大小合わせて全国に90ヶ所近くある。富士山の裾野に広がる東富士演習場もそのひとつだ。

静岡県の御殿場市、裾野市、小山町にまたがる東富士演習場は、面積が約８８００ヘクタールある。東京ドームが１８７０個も収まってしまうほどの広さだ。

ここは、旧日本陸軍の時代から演習場として使われてきた。そのため陸上自衛隊が利用するようになった今も、当時のトーチカ（防御のための設備）が残っている。

現在、入口のゲートには「富士演習場／立入禁止／自衛隊」とある。

部外者が立入禁止になるのも当然で、ここでは戦車が走ったり、実弾を使った訓練が行われているのである。

敷地内には不発弾が残っている恐れもあり、うっかり踏み込んではいけない場所なのだ。

## ■山菜採りができる地権者もいる

原則的に一般人は立入禁止になっているものの、じつは東富士演習場に立ち入りが認められている人々がいる。

ほかの演習場と違って、東富士演習場の約6割の土地は民間人が所有している。そのため、土地の所有者は敷地に入ることができるのである。

もちろん、立ち入りが許可されるのは決められた日だけだが、そのときは山菜採りやキノコ狩りを楽しむという。

富士山のふもとに広がる東富士演習場（写真中央部）

「入会権」と呼ばれるこの権利を持っている人は、およそ5000人いるが、正式な許可証を持たずにこっそり忍び込んでスキを狙う不届き者も後を絶たないらしい。

武器弾薬の管理は厳重に行われており、薬莢や不発弾は訓練が終わってから回収するようになっている。

とはいえ、多くの実弾を使うせいで、現実にはすべてを見つけるのは難しい。そうして回収しきれなかった不発弾などを手に入れようと、ミリタリーマニアが侵入することがあるのだ。

2003年にはこんな事件も起きている。ネットオークションにかけられた不発弾が、荷物の品名が記されないまま配達された。不発弾は途中で暴発し、宅配業者が大けがをしたのである。

不発弾を売った男の供述によれば、東富士演習場に忍び込んでひそかに持ち出したものだったという。

演習場には、素人が手を出すには危なすぎる代物が転がっているのだ。

## ■1年に1度のイベントは狭き門

ところで、ふだんは立入禁止の東富士演習場に一般人が堂々と入れる日がある。

毎年、夏に行われている「富士総合火力演習」、通称「そうかえん」というイベントがそれだ。

国内最大の実弾射撃演習で、戦車やヘリコプターが動き回り、轟音をたててロケット弾や迫撃砲が撃ち込まれる。目の前で実弾が発射されるのだから実戦さながらの迫力だ。

２０１５年の富士総合火力演習では、戦車や装甲車80両、大砲60門、航空機20機が登場し、36トンもの弾薬が使われた。

イベントの後半には、島への攻撃を想定した陸自・海自・空自による総合演習も行われた。

もっとも、このイベントのチケットをゲットするのは簡単ではない。抽選の倍率は15～30倍で、２０１６年は約28倍だった。１年に１回開放されるといっても、やはり東富士演習場への立ち入りは狭き門なのだ。

ちなみに、演習を見に行って不発弾を見つけた場合はどうするか。

敷地内で発見した砲弾には絶対に触れずに知らせてほしい、と自衛隊はアピールしている。勝手に持ち帰ることは厳禁なのだ。

「そうかえん」の様子。（出典：陸上自衛隊facebook・https://www.facebook.com/media/set/?set=a.1062604203757566.1073741961.265075920177069&type=3）

# 腐乱死体が放置されている施設

## ■腐乱した死体が放置されている場所

〝死体農場〟ともいわれるボディ・ファームは、アメリカのテネシー州ノックスビルにある、テネシー大学医療センターの敷地内にある。

１９８１年に造られたこの研究施設は、広さが１ヘクタールあり、雑木林や草むら、池などが点在する立入禁止区域になっている。

なぜなら、そこには何体もの人間の死体がゴロリと転がっているからだ。

そのまま放置されている死体もあれば、ゴミ袋に詰め込まれたもの、半身だけを土の中に埋められていたり、池の中に放り込まれているものもある。もちろん、どれも腐乱の状態が異なっている。

それにしてもなぜ、大学の敷地にこのような光景が広がっているのだろうか。

牛の腐敗の経過調査。この調査も人間の腐敗調査に役立つ。

それは、刑事事件で扱われる遺体の正確な死亡推定時刻を割り出すためのデータを集めているからだ。

つまり、死後、人間の体がどのように腐敗していくのかを経過観察しているのである。

たとえば、屋外で遺体が発見された場合、日射しや雨風を受けて野ざらしになっていたのと、通気性のないビニールのゴミ袋に入れられていたり、カーペットでぐるぐる巻きにされていたのとでは腐敗の進み方が異なってくる。

さらに、放棄された日数によっても状態は違ってくる。このような変化をこと細かに観察しているのである。

## ■自然や動物によって骨にされる

ところで、死体を雨風にさらしておくとどうなるのだろうか。

しばらく放置されて腐敗が始まると死体にはハエがたかる。次にウジ虫が湧き、ウジ虫はまず傷口に群がり全身を覆っていく。

すると、アライグマがやってくる。アライグマの目的はウジ虫を食べることだという。

もちろん、腐乱した人間の体が野ざらしになっているのだから、その臭いは強烈だ。いくら広い敷地内とはいえ、風向きによっては死臭が風に乗って流れてくる。その臭いは何とも言い難いほど甘ったるいという。

そして、その死臭を嗅ぎつけてファームにはハゲタカが舞い降りてくる。このハゲタカに荒らされる死体を観察するのも実験のひとつだ。

ハゲタカは死後間もない死体には手を出さない。人間が生きている可能性を恐れているためか、完全に死んでいることがわかるまでは近づかないのだ。

だが、ひとたびそれが死んでいるとわかれば一気に群がり、わずか1時間で骨だけの状態にしてしまう。まさに究極の〝自然〟がここにはあるのだ。

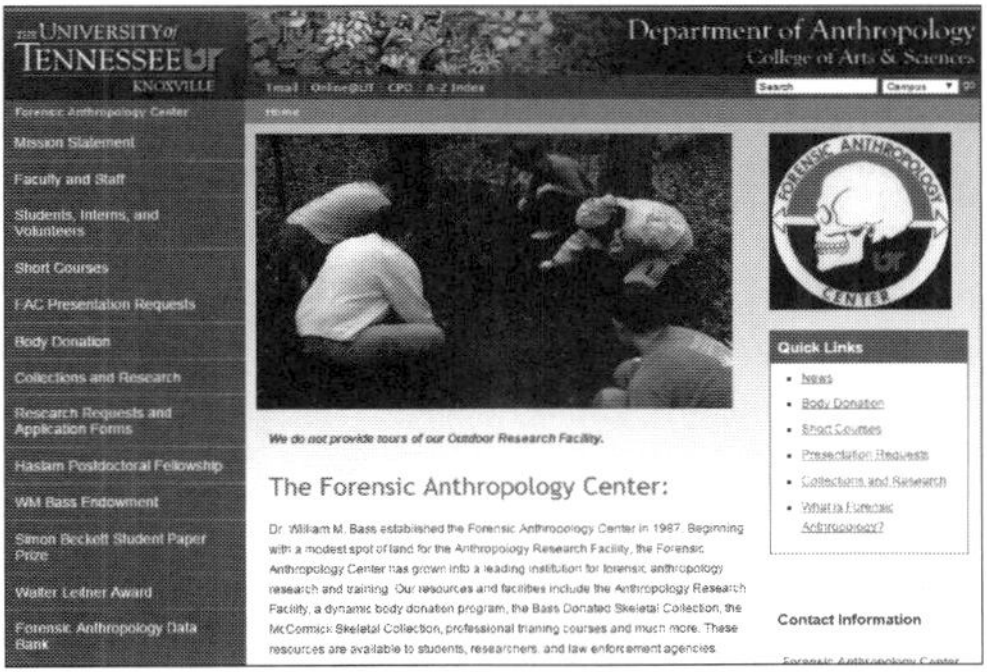

テネシー大学のサイト内にある法医人類学のページ（http://fac.utk.edu/default.html）。「Body Donation」というページから自分の死体の寄附申請ができる。

## ■遺体になるのはみずから志願した人

ボディ・ファームへの献体は、いったいどこから運ばれてくるのだろうか。

身寄りがなく、死亡人事務所というところに保管されていた遺体もあるが、驚くべきことに生きている間に本人が死後、ボディ・ファームに送られるよう自発的に登録している場合も少なくない。

本人の感覚としては、臓器提供とほとんど変わらないのだろう。現在の登録数は1200人にのぼるという。

世界有数の実証実験施設であるボディ・

ファームには設立から30年あまりの間に数百体の死体が運ばれ、そしてこの地で朽ち果てていった。

このような実験はあくまで法医人類学の研究のひとつであり、もちろん法律でも認められており、日本の犯罪捜査でも実際にアメリカのボディ・ファームから得られたデータが使われている。

だが、現場の気候や環境によって人体の分解速度は変わってくる。

そのため、ボディ・ファームの設立はオーストラリアやインドなど世界各国に広がりつつある。

しかし、イギリスやほかのヨーロッパ諸国では国民の理解が得られずに開設を断念しているところもあるという。

# 会員限定のジェントルマンズクラブ

## ■イギリスで生まれた会員制クラブ

ロンドンの観光名所のひとつであるトラファルガー広場。ここから西に延びるポール・モールやその先のセント・ジェームズ・ストリートの界隈には「Ｃｌｕｂ」と書かれた場所をいくつも見つけることができる。

それもそのはずで、この辺りはロンドンでも有数の「ジェントルマンズクラブ」が密集しているエリアなのである。通りに沿って大英帝国時代をしのばせるヴィクトリア様式の建築物が並んでいるが、その中に今でも会員しか足を踏み入れることができないジェントルマンズクラブがあるのだ。

ジェントルマンズクラブとは古い歴史を持つ会員制クラブのことで、イギリスがその発祥の地と言われている。

会員が集まってお茶や食事を楽しんだり、意見を交わしたりする〝大人の社交場〟は、かつてはイギリスをはじめとする欧米諸国にいくつも存在していた。

これらの会員制クラブの前身になったのが、17世紀中頃にロンドンに登場した「コーヒーハウス」と呼ばれるカフェのような場所だ。

ここでは当時世に出始めたばかりの新聞を読むことができ、政治・経済から文化まであらゆる最新の情報が集まる場所だった。人々は熱いコーヒーの入ったカップを傾けながら、情報交換を行っていたのである。

やがて、同業者や同じ政治思想・趣味を持つ顔なじみがグループをつくるようになり、それが色とりどりの会員制クラブへと発展していったのである。

今でも、その数を正確に把握することができないほど多くのクラブが存在する。

## ■女性は会員になれなかった

会員制のジェントルマンズクラブは、望めば誰でも簡単に入会できるというわけではなかった。

ポールモール通りの一角（©Gerry Lynch, 2005. and licensed for reuse under Creative Commons Licence）

入会に際してはクラブから厳しい審査を受けることはもちろん、そもそもクラブの会員と顔見知りで、その人物から推薦されなければ審査を受けることすらできない。

さらに、会員になる資格は男性にしか与えられなかった。

女性は夫と共にクラブの施設を利用することはできたものの、男性用とは別に女性専用の食堂や出入り口が用意されていたというクラブもある。

今でこそその敷居はだいぶ低くなったようだが、それでも格式高いクラブでは主役はあくまで男性だ。

女性は週末のランチに家族同伴という

形での利用を許されているだけで、ふだんはクラブの建物に入ることができないという厳しいルールをかたくなに守っているクラブもある。

ジェントルマンの聖地と言われるポール・モールに残り、かつてはチャーチル元首相もメンバーだった「リフォームクラブ」や、「オックスフォードアンドケンブリッジクラブ」などに代表されるジェントルマンズクラブが、その歴史と伝統を受け継いでいる。

また、世界最大のドッグショーである「クラフト」を主宰する「ケンネルクラブ」などもその名を知られている。

## ■日本にもあった紳士クラブ

ところで、このジェントルマンズクラブが日本にも存在しているのをご存じだろうか。

明治時代、当時の外務大臣だった井上馨《かおる》の発案で設立された「東京倶楽部」が日本版のジェントルマンズクラブで、かつては吉田茂や白洲次郎といった日本を代表する紳士たちが所属していた。

今でも会員には旧華族や政財界の大物が名を連ねている。

クラブに集まった会員（1823年画 /Robert Crukshank）

東京・六本木にあるこのクラブを利用するときには、「男性は上衣・ネクタイを着用、女性はこれに相応しい服装」とドレスコードが定められているのは言うまでもないが、以前は本場イギリスのクラブのルールにのっとって女性は入ることはできなかったという。

東京倶楽部では現在も国際親善のためにさまざまな行事を実施しているが、毎年4月に行われているイギリスのエリザベス女王の誕生会などは、どんなものか一度のぞいてみたいものだ。

# 月面に作られつつある立入禁止地帯

## ■アポロの歴史的瞬間

人類が初めて月に降り立ったのは1969年で、すでに半世紀近く前の出来事になる。

「この一歩は一人の人間にとっては小さな一歩だが、人類にとっては大きな飛躍だ」という有名な言葉は、アポロ11号の船長だったアームストロング氏が残したセリフだ。

アポロ計画によって、宇宙飛行士たちは1969～72年の間に6回ほど月への着陸に成功した。

以後も技術は目覚ましく進歩し、今では宇宙飛行士が国際宇宙ステーションに長期滞在する時代となった。しかし、アポロ17号を最後に月面を踏みしめた者はいない。

その後、月はすっかり忘れられた存在になったかと思いきや、2011年にNAS

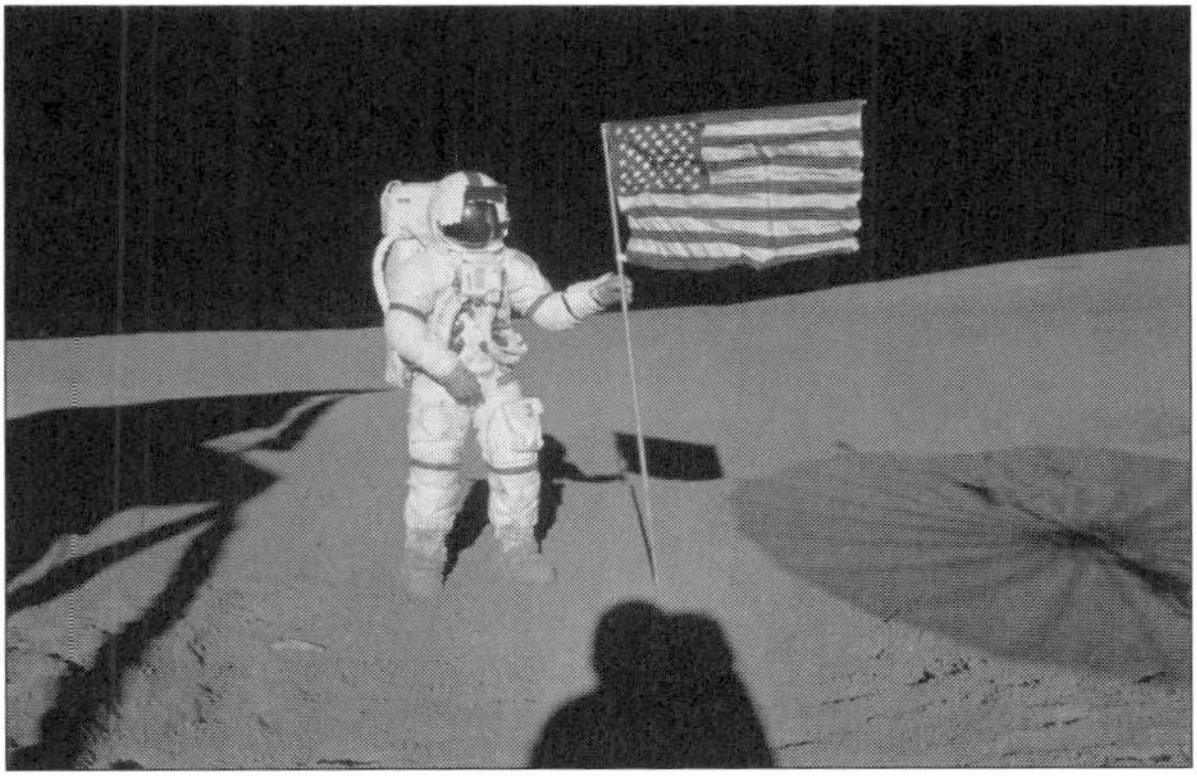

月面に立てられたアメリカ国旗。この周囲が立入禁止になるかもしれない。
(©methodshop .com and licensed for reuse under Creative Commons Licence)

A（アメリカ航空宇宙局）が驚くべき発表をした。月に立入禁止エリアを作ることを検討しているというのだ。

対象になるのは宇宙船が着陸した地点で、特に最初のアポロ11号と最後となったアポロ17号の着陸地点が重視されている。

これらのポイントは歴史的遺産であり、立ち入りを禁止して保護すべきだとNASAは主張するのである。

## ■アポロの着陸地点は歴史的遺産？

アポロ11号と17号については、エリア

の指定もかなり厳しい。

乗組員が活動した範囲を含む半径75メートル（11号）と半径225メートル（17号）を立入禁止にするほか、着陸地点から半径2キロメートル以内は上空の飛行まで禁止だ。

それにしてもなぜ今頃になって、NASAはこんなことを言い出したのだろうか。じつは、アメリカは月への有人探査を中止したものの、中国やインド、あるいは民間では探査計画が進んでいる。それがNASAの懸念をあおったようだ。

月にはアポロの宇宙飛行士たちが使った月面探査車や離着陸用の台座など、大型の機械類が残されたままになっている。そうした歴史的・科学的に貴重な遺産が壊されたり汚染されたりして失われてしまうことを恐れているのだ。

したがって、たとえ研究が目的であったとしても事前にNASAの許可を得ていない限り、月面に残されたものへの接触を禁じるとしたのである。

大型機器はもちろん、ここには衣類や食料、排泄物に至るまで、すべてが含まれるという。

NASAによれば、この方針に法的な拘束力はないというが、厳重警戒の立入禁止

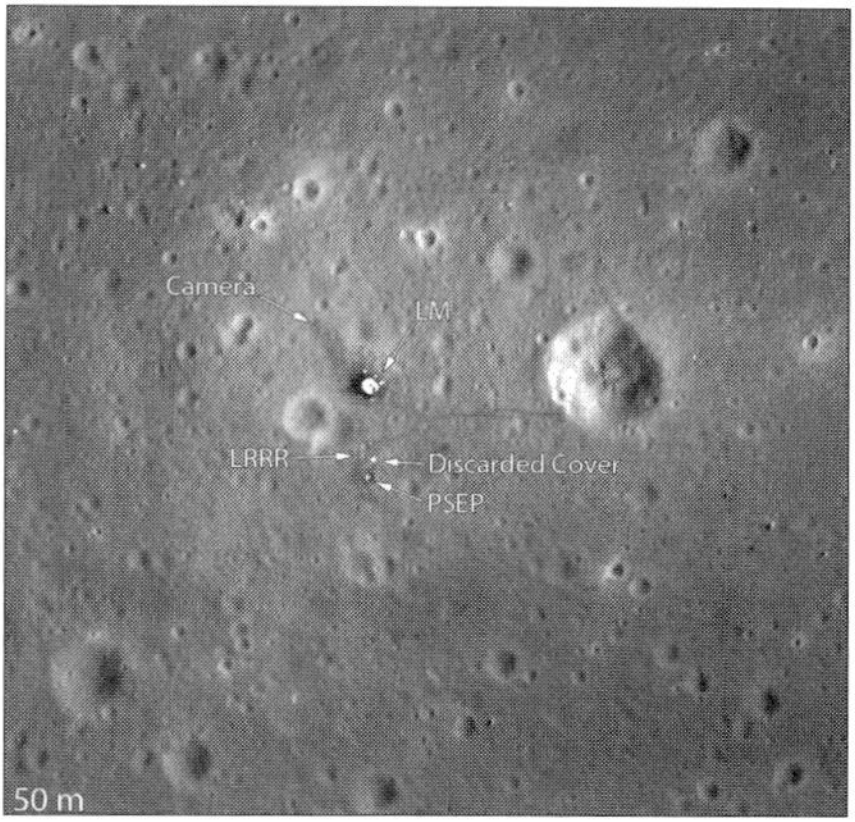


アメリカの月周回無人衛星が撮影したアポロ11号の着陸地点とされる画像。(NASA作製) 着陸地点のデータは「Google Moon」でも見ることができる。

エリアだといえるだろう。

## ■本当の目的は月面着陸の偽装？

ＮＡＳＡは、あくまでもアメリカの財産を保護することが目的だという。

しかし、本当の理由は別にあるのではないかと疑う声も上がっている。月には重大な秘密が隠されていて、それを暴かれては困るからだというのだ。

その説によると、ＮＡＳＡが必死に隠したがる秘密とは、月面着陸の偽装である。

アポロは月へ行っていないという説は以前からあったが、立入禁止エリアの設置をきっかけに再浮上してきた。

月面着陸の写真についてはおかしな点が指摘されている。例をあげてみると、「風がないはずの月でアメリカ国旗がはためいている」「周囲の宇宙空間に星が写っていない」「光源は太陽だけなのに、月面にできた影の方向がバラバラ」などだ。もちろん確たる証拠とはいえないのだが、スタジオで撮影したことで生じた矛盾だと主張する人々もいる。

誰かが月に降り立ったらNASAのでっち上げがバレてしまう。そこで、着陸地点を立入禁止にして、捏造の事実を隠そうとしているのではないかと疑われているわけだ。

宇宙に関する唯一の国際ルールは、国連が定めた宇宙条約である。その67条では、月を含めたすべての宇宙空間で、あらゆる国が平等で自由に活動できる権利を認めている。

ただ、細かいルールが決められているわけではない。今後、地球以外の惑星がどのように扱われるのかはわからないのだ。

# 5章　身近にある封鎖エリア

# 学者も入れない仁徳天皇陵

## ■世界最大規模の陵墓

仁徳天皇陵は大阪府堺市にある。敷地の隣を走る通りから見ればただの森にしか見えないが、空中から見ればそれが巨大な前方後円墳であることははっきりわかる。濠は三重構造になっており、その大きさは全長約486メートルにも及ぶ。

国内はもちろん、世界の陵墓の中でも最大規模だ。

被葬者である仁徳天皇は第16代の天皇で、正確な生誕年などは不明だが、即位したのは4世紀頃とみられている。

日本書紀によれば、陵墓は4世紀後半から工事が始まり、仁徳天皇が没した世紀末頃に埋葬され完成した。

一方、過去に行われた調査では陵墓の造営は5世紀中頃という説が有力で、遺構か

仁徳天皇陵（写真：国土情報ウェブマッピングシステム / 国土交通省）

らは須恵器の甕《かめ》のほかに甲冑や壺などが出土している。

史実と出土品の微妙な時代のズレからもわかるように、ここには多くの謎が秘められているのだ。

学者の中には被葬者が果たして仁徳天皇なのかどうかという根本的な疑問を抱いている者も少なくない。

だが現在、追加の調査を行うのは不可能な状態だ。というのも、仁徳天皇陵は「百舌鳥《もず》耳原《のみみはら》中《のなか》陵《のみささぎ》」の名で宮内庁が厳重に管理しており、一般人はもちろん学者などの立ち入りもいっさいが禁じられているのだ。

もちろん、被葬者が天皇で聖域だからと

いうのが最たる理由だが、それゆえに陵墓に関する新たな事実はまったく明かされていないというわけだ。

## ■立入禁止になるのは明治に入ってから

仁徳天皇陵の周辺には陪塚と呼ばれる小型の古墳が10基あり、一大古墳群を成している。約3キロメートルある周囲は遊歩道が整備され、そこを自由に歩いたり、柵の間から中を見ることもできるが、周囲に警備員が置かれているなどやはりどこかものものしい雰囲気があるのは否めない。

だが、江戸時代はもう少し自由だったようで、古墳そのものがお花見の名所だったとも伝えられている。また、濠は貯水池代わりに使われていたこともあるらしい。

それが江戸中期になると後円部の勤番所を移されたり、天皇を葬ったとみられる後円部に石の柵が設けられたりと、陵内の整備が進められた。

本格的に立入禁止になったのは明治時代に入ってからで、それが現在も続いているというわけである。

仁徳天皇陵の外堀

## ■今後調査が進むかもしれない？

ところが、そんな立入禁止の古墳に不法侵入する者がいる。それは釣り目当ての一般の人たちだ。じつは墳墓の濠には、かなり前に外来種のブラックバスやブルーギルが何者かによって放されている。

それが口コミで広まり、絶好の釣りスポットと化してしまったのだ。

古墳の周辺は高さ2メートルほどの柵で取り囲まれているのだが、それを乗り越える者が後を絶たず、宮内庁を悩ませているのである。

過去には釣り人が持ち込んだランプが雑草に燃え移り、あやうく大火事を起こしそうになったり、また10年ほど前には誤って濠に転落した釣り人が命を落とすという不幸な事件も起きた。

もちろん、こうした行為は不法侵入となり見つかれば罰せられる可能性もある。

だが、ここへ来て風向きがやや変わってきた。というのも、２０１９（平成31）年の世界遺産登録を目指して、政府は今後ユネスコに推薦書を提出し、審査を受ける見通しとなったのだ。

世界遺産ともなれば、不法侵入者の取り締まりも厳しくなるだろうし、さらなる学術調査によってこれまで秘密のベールに閉ざされていた内部の様子が明らかにされる可能性も出てきた。

１００年以上続いた立入禁止の命が解かれる日もそう遠くはないかもしれない。

# 皇族も入れない伊勢神宮の心臓部

## ■昔から続く参拝の地

「お伊勢いきたや、伊勢路がみたい、せめて一生に一度でも」という伊勢音頭が流行したのは江戸時代のことだ。

当然ながら、当時の人々は日本全国から三重県の伊勢まで徒歩で参拝した。大阪からは片道5日、東京からなら15日、岩手からになると100日もかかったというから、当時の人々にとってお伊勢参りは大イベントだったに違いない。

しかし彼らは、何重にも囲われた垣根の外からしか肝心の神様に参拝できなかった。じつは、伊勢神宮には皇族でも入れないと噂される、禁断の場所があるのだ。

現在でもそれは変わらず、「正宮」と呼ばれる社には、一般の人は入ることはもちろん、中を見ることもできないのである。

## ■厳重に守られた神聖な場所

伊勢神宮とは、太陽を神格化した天照大神を祀る内宮と、衣食住の守り神である豊受大神を祀る外宮の総称で、正式には「神宮」という。内宮・外宮の両方にあって、それぞれの神様が祀られているのが、問題の正宮だ。

外側から板垣、外玉垣、内玉垣、瑞垣という四重の垣根に囲まれ、板垣の南北の両門内には宿衛屋があり、神職が交代で1日中神様を守っている。

そして、一番内側の瑞垣の聖域が「内院」といい、どこよりも神聖な一画とされている。ここに「ご正殿」がある。

内宮のご正殿には天照大神が、外宮のご正殿には豊受大神が鎮座しており、皇族でも入ることができないと噂されるのはこのご正殿と思われる。

一般参拝者は板垣の外から参拝するのだが、板垣の門には白い布がかかっていて、強風でも吹かない限りチラリとも中の様子をうかがうことはできないのだ。もちろん監視も厳しく、写真などの撮影は一切禁止されている。

ご正殿の屋根（©N yotarou and licensed for reuse under Creative Commons Licence）

## ■20年に一度の大規模な建て替え

ご存じの方も多いと思うが、正宮は内宮、外宮ともに20年に一度そっくりそのまま、隣り合う同じ広さの敷地に建て替えられる。板垣からご正殿に至るまですべてだ。

その理由は、日本最古の建築様式の伝統と技術を伝えるため、そしていつまでも聖域が清浄であるようにという願いからだと言われている。

この建て替えを「式年遷宮」という。

『日本書紀』によれば内宮が造られたのは2000年ほど前、外宮は1500年ほど前で、年代こそ違いはあるが大かた似た造りになっている。

式年遷宮は1200年以上の昔から続けられており、最近の大祭は2013（平成25）年に行われている。主な行事や祭典は山口祭や木本祭に始まり、遷御、奉幣、御神楽まで30にも及ぶものだ。

ちなみに、内宮の正宮の南門正面からはご正殿の「ご」の字も見えないが、正宮の背後にある荒祭宮に回ると、板垣の向こうにわずかにご正殿の茅葺きの屋根がみえる。

それだけでもありがたいという気持ちになるのは、皇族でも入れないと言われる禁断の聖域だからだろう。

# 東京湾に残る明治時代の要塞跡

## ■目に入れることも許されなかった施設

「海堡」という言葉を聞いても、ピンとくる人は少ないかもしれない。

海堡とは海の上に造られた要塞のことで、かつて東京湾内にも首都防衛のための3つの海堡が築かれていたのだ。

海堡が造られたのは、ちょうど千葉県の富津岬から対岸の神奈川県横須賀市を結ぶ海上だった。東京湾の入り口に近い場所にまるで弧を描くように3つの海堡が設置され、外敵の侵入を防ぐための防衛線が張られたのである。

この海上要塞は軍の重要機密であったため、一般の人は海堡に立ち入るどころか近づくことさえ許されていなかった。

当時、富津の沿岸を走った列車では海堡が見えないように海側の席の鎧戸を下ろすことが命じられたくらいだ。

さらに、富津や横須賀の街並みや海岸の様子を捉えた写真で、明治から昭和初期にかけてのものが極端に少ないという話がある。海堡一帯の地形が外部に漏れることのないように、これらの地域での写真の撮影は禁止されていたからだ。

現在の東京湾では、そのうち「第一海堡」と「第二海堡」の2つの遺構を見ることができるが、そのどちらにも無断で上陸することは許されていない。

## ■関東大震災で崩壊してしまう

これらの海堡が造られたのは明治から大正時代にかけてのことだ。当時の陸軍卿、つまり日本陸軍のトップだった山県有朋《やまがたありとも》は富国強兵策を推し進めて日本の軍事力を高めようとした。

彼の主張をきっかけに、東京湾に3つの要塞を設置するというこれまでに類を見ない大工事が始まったのである。

ところが、工事は困難を極めた。特に水深40メートル以上という難所に計画された

関東大震災直後の第三海堡と旧日本海軍の艦艇「夕張」

第三海堡は打ちつける波と風によって何度も島の土台が崩れ、その完成は当初の予定よりも大幅に遅れてしまう。
最終的には、予定から10年あまり遅れた1921（大正10）年になってようやく完成した。この工事には、現在の金額で140億円以上の予算がかけられたという。
工事にはのべ数十万人もの人が携わったが、その一方で多くの犠牲者も出た。富津市にはそんな犠牲者を追悼するための石碑が建てられている。
しかし3つの海堡が揃ってからわずか2年後の1923（大正12）年9月に、関東一円で10万人以上の犠牲者を出した関東大震災が発生した。

苦労の末に完成した海堡も被害に遭い、第一、第二海堡は破損。第三海堡はその大部分が水没してしまった。結局、要塞としてはほとんど機能しないまま3つの海堡は幻の要塞になってしまったのである。

## ■再整備が進められる現在の海堡

徹底して人々を遠ざけた3つの海堡のうち、第三海堡は2007（平成19）年までに撤去された。

じつは、海に沈んだ第三海堡は暗礁になってしまい、東京湾の入り口では巨大な貨物船が座礁するなど、何度となく海難事故が発生していたのである。

ただでさえ多くの船が行き交う東京湾にあって、この第三海堡が沈む浦賀水道航路は難所中の難所と言われてきた。それでも80年以上の間崩れかけた姿で残されていたのは、海堡があまりに頑丈に築かれたため、簡単に撤去することができなかったからである。

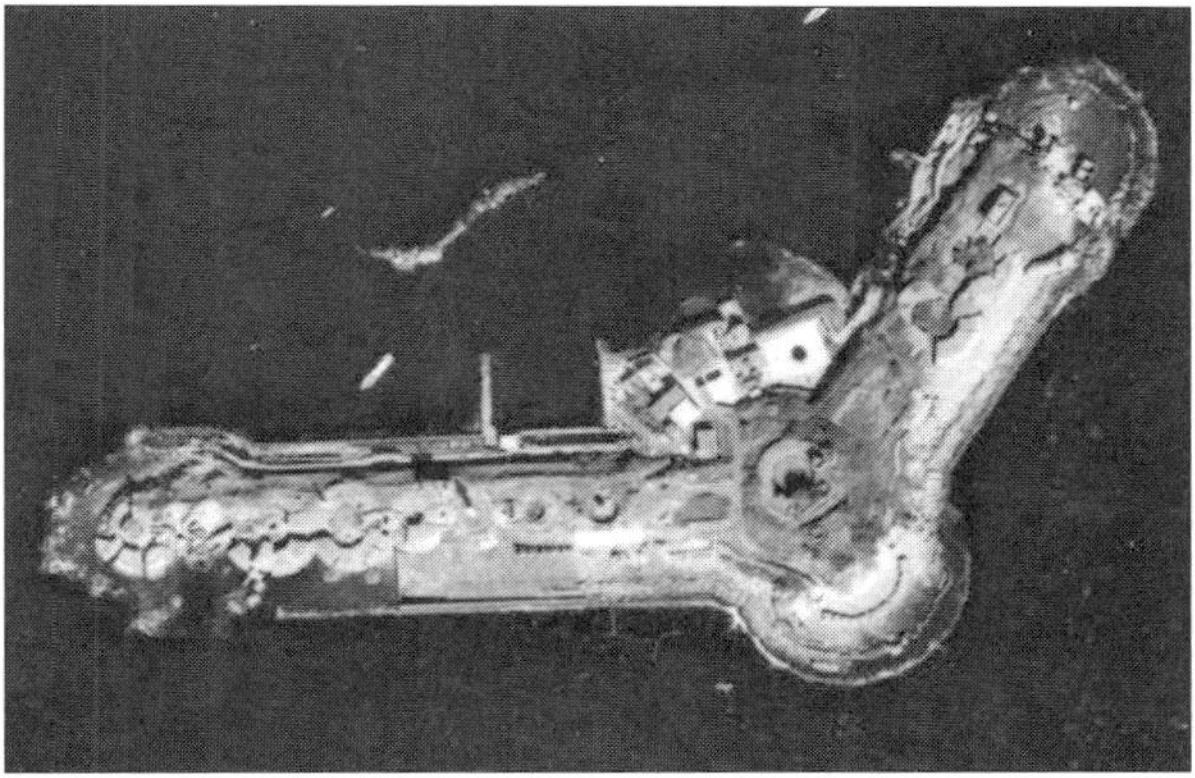
耐震工事が行われた第二海堡（© 国土画像情報（カラー空中写真）国土交通省）

現在、第三海堡の遺構の一部は横須賀市のうみかぜ公園に設置されている。

海中から引き揚げられた1200トンものコンクリート製の兵舎は上から見るとT字型をしていて、高さは5メートルもある。入り口の壁面にアーチ状に積まれたレンガはほぼ当時のままの姿で残っている。

この巨大な遺構が、かつて立ち入ることができなかった幻の要塞がどれだけの大きさだったかを物語っているのだ。

# 有毒ガスが充満する温泉周辺

## ■名湯のそばにある危険な場所

「危険！　有毒ガス発生につき注意してください」

山奥への立ち入りを禁じるこんな看板に囲まれた温泉地が、秋田県に実在する。いったいどれほど危険な場所かと思うかもしれないが、じつはテレビや雑誌でもたびたび紹介されている評判の名湯なのだ。

最寄りとなるＪＲ奥羽本線の湯沢駅からバスに揺られること約1時間。標高は1000メートル近くあるため1年を通じて涼しく、冬ともなれば道中の景色は一面の雪景色に変わる。そんな人里離れた場所にひっそりとあるのが泥湯温泉である。

川沿いに昔ながらの木造の宿が立ち並ぶこの泥湯温泉の湯は、その名の通り泥のようなとろりとした独特の手触りに特徴がある。

泥湯温泉近辺に立つ看板（写真提供：鹿取茂雄）

白濁色や無色透明の湯など泉質は宿によってさまざまだが、どれも神経痛やリウマチに効くなど効能は豊かで、肌もすべすべになると言われていることもあって女性客の姿も少なくない。

数日間滞在してじっくり体を癒す湯治客から日帰りで入浴を楽しむ旅行客まで、泥湯温泉は今日も多くの人で賑わっている。宿泊の予約がとれないこともあるほどの人気で、温泉好きなら一度は訪れたい雪国の名湯なのだ。

ただし、宿からもほど近い場所にいくつも立てられている「有毒ガス注意」の看板には、くれぐれも注意が必要である。

## ■異臭の原因は硫化水素ガス

温泉地に着いて車を降りたそのときから、誰もが一帯に漂う特有のにおいに気がつくことだろう。鼻をツーンとつくその匂いが、この泥湯温泉の近くに硫化水素ガスが噴き出す場所があるという何よりの証拠なのだ。

実際に、温泉地の周囲は地面から噴き上げる火山ガスで煙っていて、道路のアスファルトを突き破って温泉がボコボコ湧いている場所さえあるという。

そのため、湯船のお湯からも硫黄の匂いが漂う。源泉の温度もかなり高いため、水で温度を下げなければとうてい入ることはできない。

この泥湯温泉の近くには、日本三大霊山に数えられている川原毛地獄山もあることから、その光景はまさに地獄谷のようだとも言われている。

至るところに「立入危険」の看板があるため周辺の散策には注意が必要で、1日のほとんどを宿の中で過ごす湯治客も多い。

残念ながら、泥湯温泉では硫化水素ガスによって温泉を訪れた家族連れが命を落としたという痛ましい事故も起きている。

とはいえ、事故以降は安全対策はさらに強化されているし、そもそも訪れるためにガスマスクを用意しなくてはならないというほどの危険地帯ではない。

危険区域を知らせる案内板に留意して、立入禁止エリアにさえ足を踏み入れなければ安心して温泉を楽しむことができるのだ。

アスファルトにぽっかりあいた穴の中には、気泡のあがる湯がたまっている。（写真提供：鹿取茂雄）

## ■ガス発生時はサイレンが鳴る

このように、火山性ガスによって立ち入りが禁止されている温泉地は、泥湯温泉だけではなく日本各地に数多くある。

日本屈指の湯どころとして名高い草津温泉の近くにも、車で通ることはできるが、けっして車外に出てはいけない場所がある。

群馬県の草津温泉と長野県の志賀高原を結ぶ「志賀草津道路」は、国道でもっとも標高の高い場所を通過するドライブコースとして人気だ。しかしその途中で活火山の白根山が近づくと途端に植物がまばらになり、周囲は白茶けた岩肌がむき出しになっている。

この場所でも以前に急性ガス中毒で命を落とした人がいて、有毒ガスの発生時には注意を知らせるサイレンが鳴り響くのである。

日本は世界でも有数の温泉大国と言われているが、それは同時に〝火山大国〟であることを意味している。

もしも身近にこうした立入禁止エリアがあっても、興味本位で近づくことのないようにしたいものだ。

# 塀の向こうにある刑務所

## ■塀の中はどんな世界？

　真夏も真冬も囚人服とサンダル履きの姿で、番号でしか呼ばれることがない囚人たち。一様に髪を短く刈られ、狭い監獄で朝昼晩と出てくるのは「臭いメシ」ばかり……。刑務所には、こんなイメージばかりがつきまとう。

　しかし、じつのところ〝塀の中〟の受刑者は資格を目指して勉強することもできるし、制限こそあるものの、本や雑誌を買うことも、映画やテレビを観ることもできる。

　刑務所とは「受刑者に罰を与える場所」ではなく、あくまで「受刑者の社会復帰を促進する」ための施設なのだ。

　そんな〝ムショ〟で受刑者はどんな生活を送っているのか、また何らかの理由で足を運ばなければならなくなった場合、どうすればいいのだろうか。

## ■受刑者も行きたがらないLB刑務所

日本には合わせて62もの刑務所があるが、受刑者たちが入所する場所はある一定の基準で決められる。

その基準とは、受刑者が初犯か再犯か、また言い渡された刑期がどれくらいかという点だ。

たとえば、国内最大の規模を誇る東京の府中刑務所は「LB刑務所」と呼ばれていて、「L級」（刑期8年以上の長期）で「B級」（再犯）の受刑者が服役することを意味している。

そのため、府中刑務所はほかの刑務所に比べて、収容期間満了前に釈放される仮釈放、通称「仮釈」を認められる受刑者は少ないという。

このように、刑務所ごとに受け入れる受刑者の分類が定められているのだ。

言うまでもなく、「A級」（初犯）の刑務所よりも「B級」の刑務所のほうがすべてにわたって規律が厳しくなる。

ましてや、前科何犯というひと癖もふた癖もある受刑者ばかりが服役しているのだから、受刑者同士のコミュニケーションもひと筋縄ではいかないようだ。受刑者の間では、「あそこだけは勘弁してほしい」という悪名高き刑務所もあるのだ。

中には刑務所での生活がトラウマとなって、服役後に心身に不調をきたしてしまう元受刑者もいるという。やはり刑務所はすすんで入りたい場所ではないようだ。

府中刑務所は高さ約5.5メートルの塀に囲まれている。

## ■一般人が入れるのは面会のときだけ

高い壁で囲まれた塀の中で、唯一といっていい一般人の立ち入りが許可されている場所が面会室だ。

面会は、親族から仕事関係の人間や友人まで、身元さえはっきりしていれば広く認め

塀の周囲では頻繁に警察官の姿を目にする。

られている。

面会するための事前予約は特に必要はないので、直接各施設に行って手続きを行う。

たとえば府中刑務所の場合は、午前中の面会時間は8時30分～11時30分、午後12時30分～16時までで、最大で30分ほどの面会が許されている。

このとき、受刑者に手渡して問題のない手紙や本、日用品や現金の差し入れを行うこともできる。

万が一のときは、法務省のホームページに細かい情報やQ＆Aが載っているので、確認してみるといいだろう。

# 日本銀行の地下にある巨大金庫

## ■現金や金塊が運ばれる場所

大金が眠る銀行の地下金庫といえば、一般の人が容易に近づくことができない、まさに立入禁止エリアだ。

大量の現金や金塊、有価証券などを保管する銀行の金庫は、犯罪ばかりか、もしものときの災害にも耐えうる構造でなければならない。

なかでも、「銀行の銀行」と言われる日本銀行の地下金庫は、その大きさや強固さがおのずと日本でもトップクラスとされている。

地中奥深くに眠るその金庫はいったいどのような造りになっているのだろうか。

日本の金融業界の中枢とも言える日銀の地下エリアに潜入してみた。

## ■日本の威信をかけた重厚な建物

東京都中央区日本橋にある日銀は、新館、南分館、そして旧館の3つの建物に分かれている。

日銀のシンボルにもなっている旧館の建物は1896（明治29）年にこの場所に完成したもので、柱やグリーンのドーム式の丸屋根が印象的だ。この建物は国の重要文化財にも指定されている。

設計を手がけたのは、東京駅の設計も担当した建築家の辰野金吾だ。ネオ・バロック様式の美しく重厚な西洋建築は、明治中期の石造建築の傑作と言われていて、建物の内部にエレベーターや日本初の水洗トイレなど最先端の設備を取り入れたことでも話題になった。

そして、この旧館の地下1階に、日本で最初に造られた巨大な地下金庫が広がっているのだ。

およそ1500平方メートルと、バスケットボールのコート4面分ほどのこの地下金庫は、開館当時から使用されていた。

日銀の旧館地下金庫（写真提供：時事）

ただし、金庫としての役割は2004（平成16）年に終え、現在は一般公開されているので、予約さえすれば内部を見学することができる。

## ■巨大金庫に入れる見学ツアー

見学者が旧館の地下階に降りるときに使うエレベーターは、かつてはお札や証券などの運搬に使われていたものだ。それだけにかなりの大きさで、地下の巨大金庫にはいったいどれほどの現金が眠っていたのかと想像させられる。

巨大金庫の入り口なのだから、さぞ大きな扉を想像することだろう。ところが、実際に目の前に立ちはだかる鉄製の扉は、そんな想像をはるかに超えた大きさだ。金庫の扉というよりは、もはや可動式の壁にしか見えないぶ厚さなのである。

この扉はアメリカ製で、厚さは90センチ、総重量は25トンにもなるという。1932（昭和7）年に金庫を拡張したときに取りつけられたもので、地下金庫にある3つの扉のうちで最大である。

一般見学のときには扉はすでに開け放たれた状態になっているが、扉と枠をつなぐ蝶つがいはまるで消火器のような太さなのだ。

サビ止めの油がかすかに匂う巨大な扉をくぐると、金庫はいくつかの部屋を通路でつなぐ形になっている。壁や天井は建築当時のままのレンガ造りで、まるでワインやウイスキーを仕込んである地下蔵のような雰囲気だ。

明治に建築されたこの地下金庫は、東京の多くの建物をがれきと化した1923（大正12）年の関東大震災も経験している。

しかし、当時の建築技術の粋を集めただけあって、日銀旧館は地上の建物も地下金庫もびくともしなかった。

ただ、近隣の火災が日銀の建物にも及んでしまい、その消火に使われた大量の水が地下にわずかに染み込んだため、壁にうっすらとシミを残した程度だったという。もちろん金庫の中は平静を保ったままで、震災後も休むことなく営業を続けていた。

平日のみしか行われていないこの日銀旧館の見学ツアーだが、人気は上々だ。

なにしろ、１００年以上現役で日本の経済を支えてきたまさに〝縁の下の力持ち〟をこの目で見ることができるのである。参加したくなるのも当然だろう。

旧館の南門。奥に見えるのは 10 階建ての新館。

# 日本の中にある外国・米軍基地

## ■ゲートパスがなければ入れない

在日米軍基地をはじめとする米軍専用の区域や施設は日本国内に80カ所以上ある。その総面積はじつに東京23区の半分にも相当するという。

基地の中の道は驚くほど広く、アメリカ式の大きなショッピングセンターや娯楽施設、病院や学校が立ち並ぶ。そこではアメリカ本国から運ばれてきた衣服や家具、食品が販売されているし、敷地内で放送されているテレビやラジオ番組は本国仕様だ。

フェンスの向こうはまさにアメリカそのもので、原則として米軍基地内は部外者の立ち入りが禁止されているのは言うまでもない。ちょっと買い物をしに行きたいと思っても不可能なのである。

ところが、基地内に出入りしている日本人は案外たくさんいる。まず、基地で仕事

青森県の三沢基地から厚木基地へ移動する米兵

をしている人だ。その職種はじつにさまざまで、レストランのコックやウエイターにはじまり、フォークリフトや重車両の運転士、警備員や消防士、オフィスで事務職に就いている人もいる。

彼らにはゲートパス（入場許可証）が発行されていて、入り口で提示することで基地内に出入りできるというわけだ。

ほかにも、基地内には民間の英会話教室や大学があるケースもある。試験にさえ合格すれば、一般の人でも基地の中にある学校に通うこともできるのだ。

ただし、少しでも油断するととんでもないことになることを忘れてはならない。

## ■妙な行動をとるとFBIに捕まる

２００５年頃のことだ。ある女性が、たまたま知人と一緒に基地に入れる機会を得たので、２人でゲートをくぐった。

基地内は原則として写真撮影禁止なのだが、その事実を知らなかったため、女性は偶然持ち込めたカメラであちこちを撮影した。何も知らなかったからこそできた荒業だ。

しかし、じきに仕事中の軍人に見咎められ、１人ずつ個室に入れられたかと思うと、ＦＢＩの尋問を受けるはめになってしまった。

尋問は3時間ほど続いたが、たった１人でＦＢＩを相手に誤解のないよう説明をしなければならないのだから、とても冷静ではいられなかったという。

幸いながら、写真データを削除して従順な態度を示したことと身元の確認がとれたこと、そして2人の話に食い違いがなかったことから、最終的にはなんとかお咎めなしで解放されたのだった。

軍事基地がスパイ等の侵入を警戒するのは当然だ。どれほど無害な人間に見えても、簡単には信用してくれない。

近年は日本側からの軍事データ流出が問題になっているので、現在は当時よりも警戒が厳重になっているだろう。

## ■一般に開放される日がある

とはいえ、別に危険をおかさなくても米軍基地に入れる方法がある。日米交流を深める場として設けられた「オープンベース（一般開放日）」だ。

たとえば神奈川県横須賀市にある米海軍の横須賀基地では、ネイビーフレンドシップデーなど、多ければ年間10回ほど開催されている。

抽選に当たった人しか参加できないが、ガイド付きで基地内を見学できたり、フードコート

横須賀のオープンベースの様子

で食事ができたりするので人気は高い。当日は運転免許証やパスポートなどの写真付きの身分証明書を持参するのが基本だ。

しかし、どこでも自由に歩き回っていいわけではない。少しでも不審な行動をとればすぐに呼びとめられ、前述のように拘束される可能性もある。

また基地内で売っている雑貨や食べ物を買ってお土産として持ち帰ることはできない。軍人やその関係者しか持っていない特別なＩＤがなければ、そもそも買い物をすることもできないのだ。

どれだけフレンドリーに接してくれるとはいっても、そこはあくまで基地の中であることを忘れないようにしたい。

※本書では歴史的な記述等に関してはその世界観を損なわないよう、できるだけ当時に使われていた表記や表現、文言などを尊重して掲載しました。

# 一般人は入れない　立入禁止地帯

平成29年10月11日　第1刷

編　者　歴史ミステリー研究会

制　作　新井イッセー事務所

発行人　山田有司

発行所　株式会社　彩図社《さいずしゃ》

〒170-0005　東京都豊島区南大塚3-24-4 MTビル
TEL:03-5985-8213
FAX:03-5985-8224

印刷所　新灯印刷株式会社

URL：http://www.saiz.co.jp
https://twitter.com/saiz_sha

 ISBN978-4-8013-0258-7 C0120

本書は弊社より刊行した書籍『一般人は入れない　立入禁止地帯』（平成23年11月発行）および『一般人は入れない　立入禁止地帯　危険度MAX版』（平成28年5月発行）を再編集したものです。

# バイオハザード・レベル4の部屋

## ■恐怖の生物災害

「バイオハザード」と聞けば、ゾンビが襲いかかってくるサバイバルホラーのゲームを連想する人も多いことだろう。しかし、ゲームでも映画でもなく現実にバイオハザードは存在するのだ。

そもそもバイオハザードとは、「生物災害」を指す言葉だ。主に、細菌やウイルス、微生物による感染を指し、その産物や医療機関などからの感染性のある廃棄物などによって人間や自然の生態系を脅かす事態、あるいはその危険性を表していることが多い。

バイオハザードが懸念されるのは、病原体微生物を使った実験での感染事故があげられるが、近年では大豆に代表されるような動植物の遺伝子組み換え実験も、バイオハザードの範疇に入るようになった。

遺伝子組み換え実験は、人工的に自然界に存在しないものを作り出すことなので、それが実験者や実験室の外に漏れてしまうと生態系を変えてしまう恐れがあるからだ。

この手の実験や研究を行っているところを総称してバイオ施設と呼ぶが、日本では国立感染症研究所を筆頭にした衛生研究所がその代表格である。

ほかにも大学の医学部の研究所や動物実験施設、製薬会社の研究所や工場などもその一種で、主だったものだけでも全国に数千ヵ所あると言われる。

## ■ウイルス封じ込めのための4つの段階

これらの施設には、必ず危険を封じ込めるための機能が備わった部屋がある。病原体や遺伝子組み換え物質を外部に拡散させないための実験室である。

その厳重さはセーフティレベル1〜4までの4段階に分かれており、それぞれ部屋の設計から設備、実験実施要項が異なる。

実験室へ立ち入るための条件も封じ込めるレベルによって異なり、もっとも厳重な条件を持っているのが、いわゆるセーフティレベル４の部屋である。

特に病原体微生物を扱う実験室のレベル４の部屋への立ち入りは、関係者の中でも限られた人間だけが許される場所である。それだけ危険性が高い病原体を扱うところということだ。

たとえば、国立感染症研究所の「病原体取扱実験室」は、４段階のレベルがある。

どの部屋がどのくらい危険かと言えば、人や動物に感染しても疾病を引き起こす可能性がない微生物を扱うのが「ＢＳＬ１」だ。

このＢＳＬとは「バイオセーフティレベル」の略である。

疾病の可能性はあるが、感染力は低く、有効な治療法が

バイオセーフティレベル４の部屋に入るためには全身を覆う防護服の着用が必要になる。

ある病原体は「ＢＳＬ２」。そして、重篤な疾病を起こすが、感染力が低く有効な治療法がある病原体は「ＢＳＬ３」となる。

最後に、感染すると重篤な疾病を起こし、感染力が高く、しかも有効な治療法や予防法がない病原体は「ＢＳＬ４」での作業を必要とする。

このため、もっとも危険なＢＳＬ４は「高度封じ込め実験室」と呼ばれている。

## ■厳重に防御された実験室

実験室の設備に関しては、ＢＳＬ１と２は特別な装置は指定されていないが、ＢＳＬ３になると部屋の独立性や気密性、給気・排気のフィルターや出入り口の二重ドア、消毒滅菌処理の排水、作業者の監視機能などさまざまな設備が義務づけられる。

さらに、ＢＳＬ４になると気圧を保つためのエアロックやエアシャワー室、特殊廃棄物処理設備などが必須となっている。加えて、ＢＳＬ４の作業者は専用の防護服を着用することが決まりだ。

この防護服は、気密性があり、内部の気圧が外部の気圧より高い状態を維持できるものので、厚生労働省が定める規制に適合したものと定められている。

実験室内の空気から体が完全に隔離されるように、頭のてっぺんからつま先まですっぽり包み、呼吸までしっかり〝防御〟される。イメージとしては宇宙服を思い出してもらえばいいだろう。

また、実験室への立ち入りは、BSL1の場合なら当該部の管理者の許可および管理者が指定した立ち会いのもとで出入りできるが、BSL2になると一般外来者の立ち入りは禁止となる。

さらにBSL3とBSL4では、入室を許可された職員名簿に名前が記載されている者と管理に関わるスタッフ以外は入室できないうえ、原則として2人以上で入ることが決められているのだ。

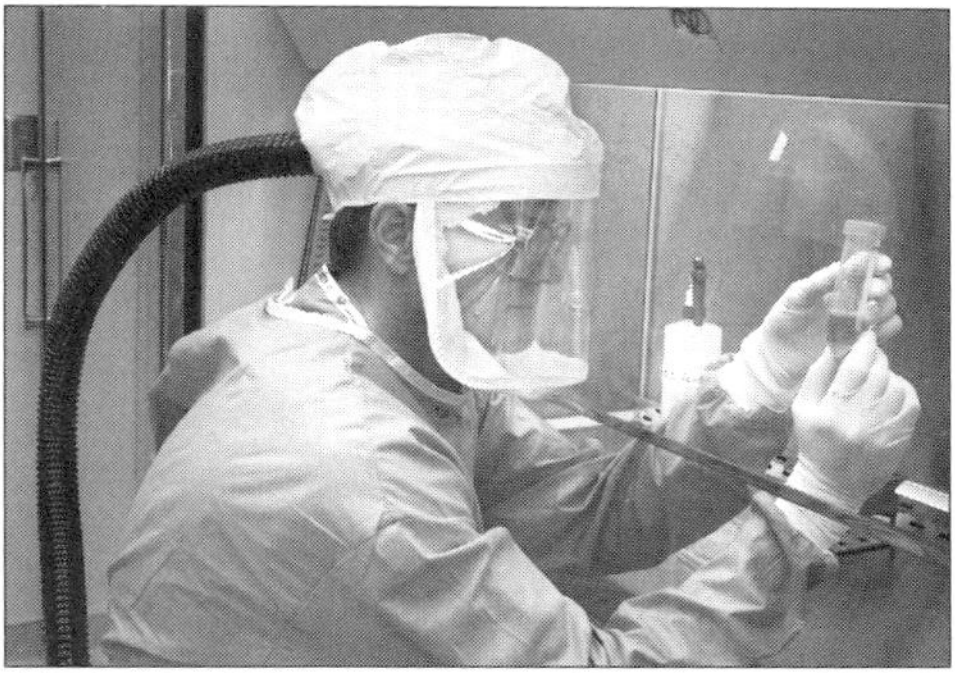

身近なように思えるインフルエンザも、ウイルスを扱うときには厳重な注意が必要になる。

## ■いつ起こるかわからない大流行

バイオハザードなどというと現実離れしたもののように感じてしまうかもしれないが、２００９年に大流行した「新型インフルエンザ（Ａ／Ｈ１Ｎ１）」は、レベル３に分類される危険なものだった。

この年は、５月に神戸で国内初の感染者が確認されてから、あれよあれよという間に全国から感染者の報告が上がり、秋にはたった１週間で１５４万人の感染者数を記録して日本中がちょっとしたパニックになった。国内の累計感染者数は約２０００万人だったと推定されている。

今ではあの騒動がウソのように人々の記憶から消えているが、またいつあのようなパニックが訪れるかわからない。

なぜなら、今後もっと感染力が強く、死亡率の高いウイルスや細菌が生まれないという保証はどこにもないからだ。

## 【参考文献】

『あっ！と驚く世界「国境」の謎』島崎晋／ＰＨＰ研究所、『悪魔の兵器・地雷―地雷の中に生きるカンボジアの子どもたち』名倉睦生／ポプラ社、『陰謀がいっぱい！　―世界にはびこる「ここだけの話」の正体』宝島社、『イスラム教入門』中村広治郎／岩波書店、『イスラームの日常世界』片倉もとこ／岩波書店、『カンボジアを知るための60章　エリア・スタディーズ』上田広美、岡田知子／明石書店、『空海の風景（上・下）』司馬遼太郎／中央公論社、『チェルノブイリ報告』広河隆一／岩波書店、『クラース―イギリス人の階級』ジリー・クーパー、渡部昇一訳／サンケイ出版、『刑務所のすべて―元刑務官が明かす』坂本敏夫／文藝春秋、『決定版刑務所の事典―カンカン踊りから懲罰房までこれがムショの掟だ！』安土茂／二見書房、『決定版　超怪奇ＵＦＯ現象ＦＩＬＥ』並木伸一郎／学習研究社、『知っておきたい伝説の秘境・魔境・古代文明』秦野啓監修／西東社、『食の政治学』産経新聞外信部編／産経新聞出版、『図解！　在日米軍基地完全ガイド』洋泉社、『玉の井　色街の社会と暮らし』日比恆明／自由国民社、『チェルノブイリ診療記』菅谷昭／晶文社、『チェルノブイリの祈り―未来の物語』スベトラーナ・アレクシエービッチ、松本妙子訳／岩波書店、『東京建築物語』北井裕子、Ｒｅａｌ　Ｄｅｓｉｇｎ編集部編／エイ出版社、『東京湾の歴史』高橋在久編／築地書館、『東京湾第三海堡建設史』東京湾第三海堡建設史刊行委員会編、国土交通省関東地方整備局東京湾口航路事務所、『日本の国境』山田吉彦／新潮社、『人間が地雷をすてる日』柳瀬房子／大日本図書、『敗戦と赤線』加藤政洋／光文社、『新宿の1世紀アーカイブス』佐藤嘉尚編著、生活情報センター、『橋田信介という生き方』黒田龍彦／飛鳥新社、『花街・色街・艶な街　色街編』上村敏彦／街と暮らし社、『マネーの動きで読み解く外国為替の実際』国際通貨研究所編／ＰＨＰ研究所、『みんなは知らない国家売春命令』小林大治郎、村瀬明／雄山閣、『揺れる帝国アメリカのことがマンガで3時間でマスターできる本』松尾弌之／明日香出版社、『ロンドン散策―イギリスの貴族階級とプロレタリア』フロラ・トリスタン、小杉隆芳、浜本正文訳／法政大学出版局、『世界の辺境案内』蔵前仁一、鎌倉文也、山本高樹ほか／洋泉社、『世界の立入厳禁地帯』別冊宝島編集部編著／宝島社、『絶対に行けない世界の非公開区域99』ダニエル・スミス著／小野智子、片山美佳子訳／日経ナショナルジオグラフィック社、『自衛隊の秘密がズバリ！わかる本』社会情報リサーチ班編／河出書房新社、『自衛隊裏物語』後藤一信／バジリコ、『コカ・コーラ　知っているようで知らない会社の物語』カス・センカー、こどもくらぶ編／彩流社、『聖山アトスービザンチンの誘惑ー』川又一英／集英社、『エーゲ海の修道士ー聖山アトスに生きるー』川又一英／集英社ほか

## 【参考ホームページ】

法務省、環境省、国立感染症研究所 感染症情報センター、厚生労働省、外務省、防衛省・自衛隊、気象庁、国土地理院、国土交通省関東地方整備局東京湾口航路事務所、在福岡カンボジア王国名誉領事館、ｗｅｂ Ｒ25、新潟日報社ｎｅｔｐａｒｋ、＠ｎｉｆｔｙ：デイリーポータルZ、沖縄デジタルアーカイブ「Ｗｏｎｄｅｒ沖縄」、宮古旅手帳、知・旅・住 離島総合情報サイト 沖縄のしまじま、おきなわ探訪 美ら島物語、朝日マリオン・コム、フォートトラベル、秋田県観光総合ガイド あきたファン・ドッと・コム、ＢＩＧＬＯＢＥ温泉、オールアバウト、社団法人東京倶楽部、ＪＣＢＬ 地雷廃絶日本キャンペーン、ＮＰＯ法人テラ・ルネッサンス公式サイト、横須賀商工会議所、独立行政法人 駐留軍等労働者労務管理機構、横須賀ビジネスパートナー、横須賀観光情報「ここはヨコスカ」、財団法人 労働科学研究所、ＭＳＮ産経ニュース、ジェトロ・アジア経済研究所、ＹＯＭＩＵＲＩ ＯＮＬＩＮＥ（読売新聞）、日テレＮＥＷＳ24、時事ドットコム、とりネット 鳥取県公式ホームページ、三徳山 三佛寺、鳥取県観光情報、いい旅、湯めぐり 三朝観光ガイド、鹿島建設株式会社、テレビ東京、高野山真言宗 総本山金剛峯寺、高野山宿坊組合・高野山観光協会、和歌山県ホームページ、毎日.ｊｐ、中日新聞ＣＨＵＮＩＣＨＩ Ｗｅｂ、伊勢神宮、日本コカコーラ、ナショナルジオグラフィック日本版、ディスカバリーチャンネル、日本気象協会 ｔｅｎｋｉ・ｊｐ、消防防災博物館、南日本新

聞　373news・com、株式会社クボタ、日本パンダ保護協会、CLAIR 財団法人自治体国際化協会、コニカミノルタ、WEBRONZA 朝日新聞社、地球の歩き方、OPRI・笹川平和財団、インドチャネル、テレビ朝日、海外旅行情報 エイビーロード、NPOアジア麻薬・貧困撲滅協会、AFPBB News, asahi.com, BAE SYSTEMS AUSTRALIA, Four seasons hotels and resorts, smh.com.au, The White House, web KADOKAWA, Zamek Joannitów　各公式サイトほか

**【写真提供】**

ネバダ観光サービス　http://www.nevakan.com/